U0024522

…丁振宇 著

前言

微歷史也即是用「微博體」和Facebook的形式來記錄歷史。微博和Facebook的特點是短小、及時、適於傳播。近年來，微博和Facebook已成爲國內一種最便捷的交流方式，對於記錄歷史來講，它同樣也是一個好工具。因爲當今社會生存競爭激烈、生活節奏奇快，人們沒有時間、沒有精力、也沒有耐心靜下心來閱讀冗長繁雜的歷史巨著來獲取知識，因而造成時人，尤其是年輕一代歷史知識欠缺匱乏的窘況。

而《微歷史》的出現，除了「微時代」自身的推動之外，更是民眾自身的一種訴求。因爲它將微博體與歷史事實進行了有機的結合，在有限的字數裏以精當的內容濃縮精華，言簡意賅、字字珠璣，的確爲廣大讀者提供了一種新的解讀歷史的可能性。無須非常集中的閱讀時間和持久專注，無需專門的歷史或理論素養，茶餘飯後，公車上，花費五分鐘翻閱一下，就會有良多收穫。

短暫的民國，卻是一本歷史的巨著。在中華民國誕生之前，中國歷史的車輪滾過了悠悠五千年，留下了無數燦爛的文化。可是中國一直停留於帝王專制的年代，尤其到了閉關鎖國的清朝。由於統治者昏庸無能，封建體制已經跟不上歷史的潮流，眼看中國就要落到被瓜分的命運。這時，一群先知先覺的革命黨人站了起來，發動了辛亥革命，在黑胡同裏跌跌撞撞地摸索，使中國開始走向民主的道路，也開始了他們精彩紛呈的表演。

民國已成往事，離我們很近，又離我們很遠。歷史中有無窮的趣味，讓我們以「微博體」的筆觸，爲你發掘那個剛剛走出黑胡同的年代，還原那些民國的奇人異事，走近那些擁有奇文妙思的文人和那些令人捧腹的軍閥。在那些陳年舊事中，探索歷史未乾的痕跡，感受那個富有激情和想像力的亂世。

這是一個前所未有的視角，從「微」處入手，抽絲剝繭，揭開一段段隱藏在民國人身上的歷史細節，以「微博體」的形式向你還原那段趣味橫生的歷史。本書將具有民國特質的人，在短小精悍的文字中一一復活，使你彷彿置身其中。他們曾經的理想，他們的面容和言行，他們的彪悍性情和生猛論調，都觸手可及，他們身上有著深刻的民國烙印。

前言

民國雖短，卻氣勢恢弘，那個年代裏風雲際會，很清晰又很雜亂。民國就是硬生生地在雜亂不堪的盤繞中承前啓後，走過了那段羊腸小路。那段記憶彷彿已如隔世，但你讀過之後，就會感覺到他們其實離我們並不遙遠。民國就像一面塵封許久的鏡子，本書幫你拭去歷史的塵埃，還原他們有些模糊的背影，使之清晰地顯現出來。

本書以短憶長，短短百字，卻蘊含了一段段歷史。奇聞軼事、露骨風情、市井流民……那樣的年代，那樣一群人，有血有肉，有理想，不失硬朗與趣味。本書語言風趣，引人入勝，但絕非八卦胡謅、無中生有。你在茶餘飯後，公車上花費幾分鐘時間，就能撫摸到那段民國的風骨，對民國有一個清晰而真實的瞭解。

目錄

CONTENTS

第一章

辛亥其實很火爆

革命第一槍

辛亥革命的導火線，是清朝中央政府試圖把原先由各省控制的鐵路「國有化」。對於中央政府的鐵路國有政策，清朝的各個省分都很不滿。一旦把路賣給了洋鬼子，那麼清政府借的巨額外債就得由各省來還。而且還有洪水、鼠疫、旱災肆虐，人民快要活不下去了。沒有活路的老百姓，心中的微弱小火花在一點點碰撞，很容易釀成反叛大火。

辛亥革命爆發於湖北。革命前數年，與同盟會有聯繫的湖北兩個革命團體——文學社和共進會，曾深入新軍進行發動。參加這兩個組織或受其影響的湖北新軍士兵約有五千餘人，隨著全國保路鬥爭之蓬勃發展，湖北革命黨人決定發動起義。

一九一一年（宣統三年）九月，文學社的蔣翊武、劉復基，和共進會的孫武、蔡濟民等組成聯合指揮機構，定於十月十一日起事。十月九日因事機洩露，起義指揮機構被破壞，主要領導人或被捕殺、或逃出武昌，然革命黨人仍決心起義。

武昌起義前，湖廣總督瑞澂聽到了風聲，和師爺商量對策。瑞澂說：「現在外面

造反的風聲越來越大，怎麼辦？」師爺撓了撓頭說：「造反需要有子彈，我們把軍隊的子彈上繳，再限制一下刀具的購買，就好了。」於是瑞澂下令：從七月廿六號起，武漢所有刀具店都必須有營業執照，購買五把刀以上的顧客，一律採取實名制。

一九一一年十月十日，武昌新軍工程第八營士兵首先起義。熊秉坤發動群眾：「與其坐以待斃，不如造反而死，也死得其所！」他扛起革命大旗，帶領四十多人起義，集合了各地的三千多名新軍，進攻武昌。經過一晚上的激戰，革命軍佔領了武昌城，兩廣總督曾言：「武昌已另成世界，滿城士兵皆袖纏白巾，威風抖擻。」因而熊秉坤從此有了「熊一槍」的稱號。

後來，溥儀意外地見到了熊秉坤，端起酒來向老熊敬酒：「謝謝您打了這一槍，讓我這個皇帝當不成了，才有了我今天的新生活。謝謝您。」熊秉坤很尷尬，兩個人笑著合了一個影。

經過一夜戰鬥，革命軍佔領武昌城，湖廣總督瑞澂狼狽逃竄。起義軍於十一日攻佔漢陽，十二日攻佔漢口。至是革命旗幟插遍武漢三鎮。因武昌起義發生在夏曆辛亥年，故史稱「辛亥革命」。

武昌首義後，亟需有指揮革命的領導機關。當時同盟會的孫中山、黃興尚在國外，原起義指揮部之領導人或死或逃，於是立憲派遂推原清軍協統黎元洪，爲中華民國軍政府都督兼總司令，原湖北諮議局議長、立憲派首領湯化龍任軍政府政務部長。不久，各省紛紛脫離清廷而獨立，滿清統治遂迅即土崩瓦解。

辛亥革命的成功，導致了中華民國的成立和清帝之退位，於是統治中國達二百六十八年的滿清王朝遂告壽終正寢，而中國歷史上長達數千年的君主專制制度亦永遠被埋葬。此乃辛亥革命的主要功績，具有偉大的歷史意義。

革命先行者

孫中山的革命事業最開始很少有人理解。他屢次在中國發動起義，清政府把他列爲全國通緝犯，孫中山先是跑到了日本，後來又跑到了倫敦，結果在倫敦被抓住了。「倫敦事件」後，連康有爲也覺得把自己的名字和孫中山連在一起，是一件很冒險的事。康有爲的弟子麥孟華也把孫中山說成是「一個盜匪、會黨分子，使中國丟盡了臉的人」。

一九〇五年八月，孫中山在日本東京成立了同盟會。成立的時候，會員只有一千多人，不僅入會的盟約名單得燒掉，爲了防止清政府的暗害，還得有暗號。兩個人見面的時候，一個人握著另一個人的手問：「何人？」回答道：「漢人。」又問：「何物？」回答說：「中國物。」接著問：「何事？」回答道：「天下事。」才開始往下談。

孫中山一生支持革命。曾經有人到東京跟孫中山借錢，說要在山東革命，一切完備，可惜錢不夠。孫中山就把自己僅有的一千兩百元給了那人。過了幾天，有朋友說：「那個人把錢亂花了，你爲什麼要輕信他們，老是被騙呢？」孫中山說：「革命不怕被騙，不怕失敗，一百件革命事業只要有一件成功，革命就能勝利。」

孫中山從海外回國，大家都聽說他帶回來好多華僑捐款。許多人把孫中山當成了財神爺，天天盼著他回到上海。等到孫中山一下輪船，還在老遠的地方，人們就看見了他，跑過去圍著他很直接地問：「這次回國帶了多少大洋回來啊？」孫中山笑著說：「錢我沒有帶回來，帶回來的只有寶貴的革命精神！」大家不約而同鼓掌歡迎。

一九一一年，孫中山去南京前夕，他的日本友人宮崎寅藏回憶：黃昏時，宮崎寅藏走進了孫中山的住所，沒什麼人，孫中山說：「你能給我借五百萬元嗎？我明天就要當總統了，身上卻沒一點錢。」宮崎寅藏說：「我不是耍雜耍的，上哪一晚上給你變這麼多錢。」孫中山說：「那一個星期好了，要不然，我當了總統也只好逃走。」

辛亥革命勝利後，孫中山身穿便服，到參議院出席一個重要會議。然而，衛兵見來人衣著簡單，便攔住他：「今天有重要會議，只有大總統和議員們才能進去，閒雜人等走開！否則，大總統看見了會動怒的！」孫中山不禁笑了，衛兵一看證件，才知道這個穿著很普通的人竟是大總統，嚇得撲倒在地，連連請罪。

犬養毅曾經問孫中山：「您喜歡什麼呢？」孫中山不假思索地說：「革命！推翻清政府！」犬養毅繼續問道：「沒有您最喜歡的嗎？」孫中山說：「書，讀書！」犬養毅說：「不愧是大丈夫！」說完兩人都笑了。

孫中山小時候很不安分。他把村裏神廟供奉的金花娘娘塑像的手指腳趾，一根一根地扭斷，說要看看神仙流不流血，把村子裏的老太太們嚇了個半死。後來，他直接跑到廟前每天弄點祭品來吃，他母親罵他，他就撅著小嘴抗議：「那是個死菩薩，她不會吃東西，爲什麼不讓我這活菩薩幫她吃掉呢？」他母親哭笑不得。

一九一三年，孫中山在東京籌組中華革命黨，要求入黨的成員在入黨簡章上寫「服從孫中山先生再舉革命」，然後在簡章上摁上自己的手印。黃興很反對，說這分

明就是不平等，太屈辱了。陳其美說：「孫中山先生畢生致力於革命，耗費了無數心血，由孫先生統治中國，天經地義，革命才能成功！」孫中山很感動。

一九一四年，孫中山創立中華革命黨（中國國民黨前身），蔣介石在上海寫下入黨誓言，但這時候，蔣介石並不紅，他在黨內並不顯眼。蔣介石得到孫中山的信任與賞識，除了與陳其美的推薦有關之外，更主要的是靠自己的才能，尤其是軍事才能。他多次跟孫中山談軍事，使孫中山越來越覺得這小子不錯，慢慢器重了他。

一九一八年五月，廣州非常國會被西南軍閥收買了，決定改組護法軍政府。原先的大元帥制變成了七總裁制，孫中山由大總統變成了一個權力只占七分之一的總裁，實際權力被剝奪了。由於在廣州已經沒人聽他的話，他就辭去了大元帥職務，向全國發表電文說：「國家仍處於憂患之中，而各路軍閥卻忙於爭雄爭霸，實乃一丘之貉啊！」

一九二五年三月上旬，孫中山病勢又嚴重了，已經昏睡了過去。宋慶齡、何香凝、孫科和汪精衛等在床邊商議後事。汪精衛說：「我建議總理死後葬在北京景山。」不料，孫中山突然翻過身來，把大家嚇了一跳，說：「不對，不對，我要葬在紫金山。」這位偉大的革命家死後，按照他老人家的遺願，他被葬在了風景秀麗的紫金山。

一九三〇年，國民政府通令全國，尊稱孫中山為「中華民國國父」，國父這一稱呼遂流傳至今。

革命功臣榜

光復南京的「開國元勳」徐紹楨，是南京陸軍第九鎮統制，就是當時南京陸軍第九師的師長，當時大部分軍官都是從國外留學回來的海歸，而徐紹楨不同，不僅是寫八股文長大的，還當過十幾年的師爺。當時清廷舉辦「太湖秋操」，徐紹楨的第九師奉命跟第八師幹架，結果以少勝多，將第八師打得哭爹喊娘地回去了。

徐紹楨雖然革命過，但他並不是革命黨。他是個老實人，既想維護朝廷，又不想殺害革命黨人的生命。張人駿和張勳兩兄弟變著法排擠他，繳了他的子彈不說，臨走時還偷了他幾尊大炮，並找人刺殺徐紹楨，結果殺人未遂。徐紹楨這個老實人火了，一氣之下就決定參加革命，投身於革命事業。

徐紹楨自己給自己封了個「江浙聯軍總司令」，準備把南京給光復了。可惜蘇良

斌莫名其妙地提前放了一把火，差點誤了大事，徐紹楨也因此備受指責。但是宋教仁和陳其美非常擁護他，徐紹楨很感動，帶領部下奮勇殺敵，跟清軍大戰了七天七夜，終於把清軍打得扛不住了，攻佔了南京。

一九一一年，革命黨在沒錢的情況下舉行了革命，黃興從上海輾轉前往武昌。這時北洋軍精銳力量、馮國璋所率陸軍第一鎮正準備將武漢三鎮給包了餃子，革命軍一看這陣勢，都慌了神了，黎元洪為了安撫軍心，一看情況緊急，便命人拿個大旗，上面寫著「黃興到」三個大字，遊遍武漢三鎮，結果還真有效。老黃知道了很無語。

陳其美早年在當鋪幹了十二年學徒，把人都熬了幾代，才從排名十二升到第三，比蝸牛還慢。就這樣一個人參加了革命，後來混得被孫中山稱為「革命首功之臣」，蔣介石也要做他的「第二化身」，以他的名字命名的國立英士大學和中山大學、中正大學齊名，蔣介石甚至說「沒有陳其美就沒有國民黨」。

陳其美之所以能得到讚譽，與他對革命的貢獻是分不開的。雖然他只讀過幾年私塾，年齡又大，家裏又窮，但他很會做事，在上海灘很混得開。他經常出入戲院、茶館、澡堂、酒樓、妓院，革命成功後，有人說他是「楊梅都督」，他說：「主要是青樓裏面安靜，有利於革命黨秘密結社不被發現，有時候出入這些煙花場所，也是革命需要。」

陳其美很好色，嫖娼次數不計其數。光復會從南洋帶回來許多華僑捐款，陳其美想去要一點，但光復會會長章太炎實在太兇了，就去找二當家陶成章商量。陶成章聽見陳其美提出來要用錢，板著臉對陳其美說：「我的錢是給江浙革命同志用的，給你，還不是讓你拿去再嫖娼！」陳其美碰了一鼻子灰，很生氣。

陳其美與蔣介石是拜把兄弟，而且與黃興是孫中山的左膀右臂，蔣介石還是陳其美引薦給孫中山的。陳其美是青幫大頭目，同兩個侄子陳果夫、陳立夫在中國歷史上都是顯赫的人物。後來因爲屢次起事遭到袁世凱記恨，被袁世凱派殺手暗殺，因爲這事，侄子陳立夫差點帶領中統把老袁家的祖墳給扒了。

李烈鈞在革命中多次救火。在武昌起義後，他不辭勞苦，南下江西、北上安徽、西顧武昌，三次擔當了「救火隊員」的角色，爲革命的成功立下了汗馬功勞。南北和談後，黎元洪犒賞了九江援軍十萬元，又把好幾萬大洋獎給了李烈鈞本人，但李烈鈞

一毛錢也沒有要，全部發給了部下。

一九一三年二次革命時，國民黨勢單力薄。只有江西都督李烈鈞、安徽都督柏文蔚和廣東都督胡漢民三個都督是國民黨，而且廣東兩個師已經被袁世凱收買，安徽只有一個旅的兵力，這樣就只剩下江西都督李烈鈞有點能力反抗袁世凱。有人對李烈鈞說：「你爲什麼這麼堅持？」李烈鈞說：「因爲我沒有第二條路可走啊。」

Q 清末三屠

一九一一年辛亥革命後，各省督撫開始給自己找出路，一時分爲三派：「保皇派」，成功者代表就是導致東三省沒有革命成功的趙爾巽；「革命派」，代表者太多了；還有個「騎牆派」，只有山東巡撫孫寶琦一個人任掌門加大師兄兼小師妹。因爲他像騎在牆上一樣來回張望，遺老遺少不喜歡他，革命黨人也對他不待見。大部分督撫不是「保皇派」，就是「革命派」。

岑春煊是清末官場「三屠」之一，「三屠」就是：「屠財」張之洞，花錢不眨眼；「屠民」袁世凱，殺人也不眨眼；「屠官」岑春煊，則是彈劾貪官眼睛眨都不眨一下。岑春煊性情剛烈，不管你官有多大，只要你是貪官、庸官，一律彈劾。他任四川總督時，曾準備一次彈劾三百多名官員，幕僚勸了半天才決定少彈點，彈劾四十個算了。

岑春煊做了兩廣總督，在任時，光因為他彈劾而被罷免的貪官污吏就有一千四百多個，你可以想像一下再加上他彈劾卻沒被罷免的能達多少。如果老岑彈劾一個，殺人不眨眼的袁世凱殺一個，那老袁到最後也會被累得眼睛永遠不會眨了。所以貪官們一聽到「岑春煊」這個名字，比老鼠見了貓還要害怕。

岑春煊是個辦學狂。他在山西時，辦了山西大學堂，在四川時，又辦了四川高等學堂、成都員警學校、武備學堂，任兩廣總督時，又辦了兩廣學務處、軍醫學堂、陸軍測繪學堂、林業學堂、巡警教練所、兩廣優級師範學堂、陸軍中小學堂、法政學堂、兩廣實業學堂、蠶業學堂、女子師範學堂、廣西高等學堂……很多很多。

一九一二年，即中華民國元年，一月一日，孫中山宣誓就職中華民國臨時大總統，宣讀誓詞：「傾覆滿州專制政府，鞏固中華民國，圖謀民生幸福，此國民之公意，文實遵之。以忠於國，為眾服務。至專制政府既倒，國內無變亂，民國卓立於世

界，為列邦公認，斯時文當解臨時大總統之職，謹以此誓於國民。」中華民國臨時政府成立。

＊微歷史大事記＊

一九一一年四月廿七日，黃興等發動廣州（黃花崗）起義。

一九一一年五月九日，清廷頒佈鐵路國有政策。

一九一一年八月廿四日，四川發起保路運動。

一九一一年九月廿四日，革命團體文學社和共進會在武昌召開聯合大會，討論通過「起義計畫」。

一九一一年九月廿五日，孫武等在漢口俄租界調配炸藥，不慎引爆。起義決定提前。

一九一一年十月十日，武昌起義爆發，經過一夜激戰，起義軍佔領武昌全城。

一九一一年十月十一日，湖北軍政府成立，舉清軍協統黎元洪為都督。武漢三鎮光復。

一九一一年十月十二日，孫中山在美國獲悉武昌起義，「決意先從外交方面致力」而後歸國。

一九一一年十一月三日，陳其美等發動上海起義。六日成立滬軍都督府，舉陳其美為都督。

一九一一年十二月廿五日，孫中山歸國抵上海。

一九一一年十二月廿五日，各省代表在南京選舉孫中山為中華民國臨時大總統。

一九一二年一月一日，孫中山在南京宣誓就職，宣告中華民國正式成立。

一九一二年一月一日，南京臨時政府正式成立。

第二章

洪憲帝制那些事

走狗屎運的人

袁世凱小時候不喜歡讀書，卻喜歡鑽研兵法。他的理想就是做一個「萬人敵」的將軍。他經常自己說自己「三軍不可奪帥，我手上要是有十萬精兵，就能橫打天下。」他讀兵書很著迷，經常把自己的零花錢、壓歲錢等全部用來買各種版本的兵書，不管是吃飯還是上廁所，身上都揣著一本，睡覺的時候手裏還攥著一本，被別人譏笑為「袁書呆」。

袁世凱曾經被吳長慶送到張謇那裏學習，準備參加科舉。後來張謇業務很繁忙，就說：「不要讓袁世凱去考試了，就讓他幫我辦辦出發的軍事吧。」吳長慶說：「那好吧。」不料，張謇需要五六天才能辦好的事情，袁世凱用不了三天就搞定了，張謇很看好他，慢慢訓練他，於是袁世凱有了發跡的機會。

袁世凱是一個一生都走狗屎運的人。當時慈禧準備訓練新軍，袁世凱被徐世昌舉薦上來，而這時候的袁世凱可沒想那麼多，他謀了一個浙江溫州道員，正準備到江南發財。可惜他正在做著發財大夢，就收到了通知，讓自己去小站練兵，等於是服兵役

啊，肯定沒有當道員來得舒服，心裏還不爽了好些陣子。

袁世凱奉命在小站練兵，很有成績。有一次，張之洞前往拜訪，與袁世凱談起了練兵的工作經驗。張之洞問袁項城：「練兵有沒有什麼訣竅可捉摸？」袁世凱說：「練兵其實很簡單。只要你把士兵練成了絕對服從命令，就十成八九。你一手拿著官和錢，一手拿著刀，服從就給官給錢，不服從就給他一刀，能不成嗎！」

辛亥革命後，《國風報》成天刊載一些獨立和起義的進步消息，袁世凱很不高興。有一天，報社得知馮國璋在漢陽打了勝仗，想刊登，又怕惹麻煩，於是就在《國風報》頭條新聞欄留了一大片空白，左下角是一行小字：「本日所得寧、漢方面戰訊甚多，奉諭不准刊載，特啓。」袁世凱看了罵道：「這幫《國風報》混犢子，越來越不像話了！」

袁世凱把孫中山請到北京，以禮相待。孫中山每次跟袁世凱談話，袁世凱總是說：「嗯，好的，沒問題。」孫中山要求耕者有其田，袁世凱也滿口答應，讓孫中山很懷疑。梁士詒說：「你想得太多了，你是南方人，南方都是大地主，占的地也多；袁世凱是北方人，北方的地主也就每個人十來畝地，當然好分配了。」孫中山於是打消了懷疑。

一九一二年二月十二日，溥儀宣布退位詔書。當天晚上，袁世凱就剪了小辮子。在剪的時候，袁世凱興奮得不得了，不斷張開河馬嘴哈哈大笑，異常地高興。「袁宮保剪辮子」這件事，很快轟動京師，不少人也剪了。第二天，各大媒體就把詔書的全文發表出來。老百姓拱手相告：「換了朝代了，這是共和的天下了，這樣就用不著打仗了！」

宋教仁改組國民黨，在大選中處於優勢地位，袁世凱要除之而後快。袁世凱邀請宋教仁北上進京，前來送行的陳其美說：「你不要太馬虎了，有可能袁世凱要派人殺你。」宋教仁聽了之後哈哈大笑，說：「從來都是革命黨暗殺別人，還害怕別人來暗殺我們不成？」于右任說：「那還是得小心。」宋教仁一揮手：「放心吧。」結果被害。

世界上最容易的事

一九一二年，袁世凱競選大總統，議會投票選舉。當時得裝個樣子，請來了幾個記者拍照，那時用的都是鎂光燈照相機，轟的一聲，把眾人嚇個半死。議員們聽到巨

響，以爲是炸彈，驚慌失措，紛紛找個地方躲起來，保住小命要緊啊。一個議員躲到桌子下面，捂住耳朵大喊著：「不要炸我，我選袁世凱！」

袁世凱做了總統後，就裝著自己禮賢下士。有一天，他不僅派專使迎接王闓運，而且讓秘書開車接送。等接到了一看，傻了眼，原來王闓運穿著清朝的蟒袍褂進來了，袁世凱說：「現在都民國了，你還穿那玩意兒？」王闓運說：「你穿著西裝，是外族人的衣服吧？」袁世凱點點頭，王闓運說：「那我穿著滿洲的衣服，也是外族人的，彼此彼此。」

王闓運在成都尊經書院講學時，跟家屬住一塊。學生們看到他女兒真是漂亮，於是都暗地裏流口水，但又造次不得。有一位學生憋不住了，就在王小姐臥室窗外的牆上寫了十四個大字：「芙蓉如面柳如眉，對此如何不夢遺？」王闓運看到後，在後面添上四個大字：「大可不必！」一時成爲大家飯後的笑談。

有一次，王闓運去泰山遊歷，夜裏住在東嶽廟。不巧廟裏死了個和尚，僧人們知道王闓運是個寫得一手好字的名流，就請他寫一幅輓聯。王闓運先是隨性一筆，寫了個上聯：「東嶽廟死個和尚。」僧人們一看，覺得是糊弄自己，開始有些生氣了，只見王闓運又快筆寫出了下聯：「天竺國添一如來。」僧人們轉怒爲喜，無不稱妙。

王闓運性格很疏闊，是個粗人。晚年的時候，他寵愛家中一個姓周的老媽子，帶著她遊山玩水。有一天，他路過湖北，突然登門拜訪湖北將軍段芝貴，說有要事，等進門去見了段芝貴，段芝貴問：「老先生有什麼要事？」王闓運便對周媽說：「你不是想看段兔崽子嗎，這個就是了！」段芝貴很無語。

王闓運很能教育徒弟，一生中收了很多學生。他的學生中不僅有楊度這種縱橫家，也有「戊戌六君子」之一楊銳這樣的維新志士，還有齊白石這樣的國畫大師。

一九一四年，袁世凱開出高薪請王闓運出來做官，擔任文史館館長。王闓運當時已經八十三歲了，還不遠千里跑來做官，於是有的人就很佩服：「您老這麼大了，爲什麼還要大老遠跑來做官呢？」王闓運淡定地說：「我老了，什麼都幹不了，世界上最容易的事就是做官了，所以我就只好來做官了。」理由確實很給力。

王闓運在北京的時候，袁世凱爲了討他歡心，就找人陪他旅遊逛街。一天，經過內閣總理衙門的時候，王闓運對陪自己的人說：「你看，動物園！」那人很是疑惑，一臉迷茫，王闓運笑了：「那裏面住著熊（熊希齡）、猿（袁世凱），這麼多飛禽走獸，不是動物園是什麼？」說完哈哈大笑。

民初奇人——嚴修、楊度

袁世凱有兩個鐵哥們，嚴修和楊度。

一九一二年，袁世凱知道嚴修是個「面軟」之人，做了總統之後，就請嚴修出任民國教育總長，結果碰了一鼻子灰。袁世凱不甘心，堅持要把嚴老頭給撈出來做官，一而再，再而三來請，嚴修還是沒答應。袁世凱依舊不死心，讓自己的屬下一個個排著隊給嚴修打電話，可嚴修跟座山一樣，一動不動，袁世凱說：「什麼面軟，簡直就是鐵臉皮！」

老嚴家出了一個教育家，就是溥儀的老師嚴修。一九一一年，攝政王載灃讓嚴修與嚴復來給自己的寶貝兒子溥儀當老師。當時嚴修說：「王爺，現在大家都要求立憲了，我作爲教育部長，把立憲也寫到小學課本裏，好教育後代。」載灃說：「沒看那都是開玩笑的！」嚴修見立憲無望，講定辭職。

楊度小時候就過目不忘，被別人稱爲神童，長大了覺得自己是個人物，很狂妄。他覺得諸葛亮不善用兵，靠運氣才打了三分天下，不算男子漢的本事，就慫恿曾國藩反清稱帝，說：「曾叔叔，我看天有流星，貌似是帝王之兆……」曾國藩什麼人沒見過，哪會吃他這一套，沒有理他。

楊度的社會閱歷很豐富，跟誰都有那麼兩下子。他做過秀才，參與過公車上書，當過清朝四品。和康有為、梁啓超、黃興是好友，跟汪精衛、蔡鍔、齊白石是同學，慫恿袁世凱稱帝，贊同孫中山共和，救過李大釗，是杜月笙的師爺，入過佛門和國民黨，最終由潘漢年介紹，伍豪批准，秘密入黨。確實是個穿越型的人物。

楊度自從見了袁世凱，就覺得這個人很不尋常。一九一五年八月，楊度湊齊了「籌安會六君子」，實際上就是六個大騙子，合夥來騙袁世凱稱帝，袁世凱本就有想做皇帝的念頭，加上寡不敵眾，頭腦一熱，就成了洪憲皇帝。第二年六月，袁世凱就氣死了，死前一直大呼：「楊度誤我！」

袁世凱玩政治的間隙，喜歡賣弄風雅。有一次，章太炎的弟子鐘稚琚來拜訪，吃飽喝足了，覺得得帶走點什麼，就跟袁世凱討一幅字來。老袁很高興，揮筆寫了兩句詩：「天生我材必有用，他人愛子亦如余。」袁世凱寫完後，說：「跟你師父比，是差遠了。」鐘稚琚趕緊說：「哪裡，好得很！」回去後就把這幅字扔得遠遠的。

袁世凱曾經對人說：「江蘇人最不好搞，就是八個字：『與官不做，遇事生

風。』」民國成立沒多久，袁世凱就掌握了政權。有一天，他對張謇說：「聽說江蘇有一個黃某（炎培），思想很活躍，我想招他過來，正好政事堂裏還缺人。」張謇回答說：「黃某不適合做官，做了官，他辦公室外邊就得找個人看著他才行。」

袁世凱喜歡聊西方的英雄人物，借此來提高自己的身價。有一次袁世凱對楊度說：「彼得大帝和華盛頓雖然也不錯，但只能擱那當靈牌供著。只有拿破崙，跟我很像。依你看，我小站練兵與拿翁之募集十字軍是不是很像？」楊度拍馬屁道：「您就是東方的拿破崙！」老袁點點頭：「只有你瞭解我啊。」

Q 神仙、老虎、狗

袁世凱掌管北洋軍閥多年，擁有好幾個悍將。段祺瑞、馮國璋和王士珍在小站的時候，受到了袁世凱的重用。一天，德國軍官來觀看操練，袁世凱指著這三個人說：「看，他們三個是大將之才啊，一定會被國人讚賞的！」這北洋三傑沒有風光幾天，人們形象地把他們三個讚賞了一番：「王龍、段虎、馮狗。」

史上最具有震撼力的請願團

梁士詒爲了袁世凱稱帝跑前跑後，組織各省請願團。第七師師長張敬堯說：「大總統想當皇帝，下一道上諭不就妥了嘛！誰不服就削他一頓，何必要整這些請願之類的破玩意！」袁世凱聽見了，氣憤地說：「他懂個什麼！一定要重重地辦他！要不然這些軍人尾巴都翹到天上去了！真是豈有此理！」

洪憲帝制時，各種請願團如雨後春筍一樣湧現，梁士詒最爲積極。尤其是梁士詒組織了史上最具有震撼力的妓女請願團，讓眾人目瞪口呆。楊度也不甘落後，整了個乞丐請願團，曝光率也很高。梁士詒知道後，寫信去嘲笑楊：「以子曠代逸才，自有此異想天開，出人意表。但終未脫『請願』二字之窠臼，則仍可傍吾門戶也。」

三不政策

江蘇都督莊蘊寬是個大丈夫，他提出了三不政策「不擾民、不增兵、不借債」，

做官非常公正。是一個不強拆民宅，不聚斂民財，買東西從來都給錢的好官，那時沒收官僚財產，莊蘊寬連自己的堂姐夫盛宣懷的財產都照樣貼上了封條。故宮博物院也是這位老兄創建的。

一九一五年，袁世凱要做皇帝老兒，就邀全國六十位約法會議員來投票裝個樣子。結果五十九位投的是贊成票，唯有莊蘊寬一個人把桌子都拍爛了，冒死請徐世昌代遞公開信，要讓全國的人都知道老袁不是那塊當皇帝的料，讓老袁把洪憲年號自己背回家煮著吃掉算了，何苦白蘿蔔出來裝人參呢？袁世凱老臉震怒，把老莊攆回了家。

袁世凱要當皇帝，馮國璋心裏實在是感覺一直有東西堵著。於是馮國璋就來面見袁世凱，問是不是真的。袁世凱說：「當皇帝很累的，我才不當呢。再說，你看我大兒子那德性，是個瘸子，娘的，哪兒有瘸子當皇帝的？」馮國璋琢磨著這話很在理，於是就相信了，等到袁世凱稱帝，老馮大罵：「項城唬我！」

中國第一人物

袁世凱最得力的智囊有兩人，一是陳宧，一是楊士琦。雲南獨立後，四川將軍陳宧對幕僚們說：「北京城玩的是猴把戲。蔡松坡（蔡鍔）不是一個輕舉妄動的人。猴子登殿，早晚必倒！」章太炎第一次見到陳宧，就說：「中國第一人物，中國第一人物，他日亡民國者必此人也。」當時人們都覺得他神經質，後來都「乃服太炎神慧」。

新任的四川督軍陳宧向袁世凱辭行，不僅三拜九叩，還趴下來親了老袁的腳尖。陳宧對袁世凱說：「大總統如果不能達到中國的巔峰，陳宧這次走了，死都不回來！」曹汝霖對他這種行爲很是敬佩，但章太炎說：「陳宧這種小人，只是說說罷了，遇見大事會反過來咬一口的。」後來陳宧果然背叛了袁世凱。

三句箴言

張鈁是山西辛亥革命領導人，前去拜訪袁世凱。袁世凱問：「現年貴庚？」張鈁說：「廿七歲了。」袁世凱說：「有出息！這麼年輕竟能領導山西革命，取得獨立，後生可畏！我給你三句話：『一不要著急升官；二不要貪錢；三要多讀書。』」出門後，步兵統領江朝宗對他說：「老實蛋！你如果說三十歲，總統肯定給你升官！」

袁世凱食量驚人。有一天早晨，袁世凱找張一麟問事，坐下後，袁世凱問道：「早飯吃了沒？」張一麟說吃過了，於是袁世凱開始自個吃了起來：先是二十個雞蛋，然後是一籠蛋糕……全吃光了。張一麟不得不感嘆這夠自己吃十天的飯量，怪不得袁項城精力過人，「各方人才奔走其門者如過江之鯽」照樣應付得來。

袁世凱愛吃黃河鯉魚，但後來卻嗜食鯽魚，尤其是產於河南淇水源頭淇泉的鯽魚，經常讓人進貢上來，來了客人也用鯽魚款待。有一天，袁世凱覺得自己天天吃魚，也該做點善事了，於是一九一六年元旦，特地將開封進貢來的黑岡口黃河鯉魚，戴上「洪憲」的銀牌放生中南海。後來馮國璋做了大總統，因財政困難，將牠們全都撈上來賣給了北京餐館。

袁世凱每天都吃北京大柵欄張興記炒貨店的花生米。有一次，張伯駒買通了夥計，將當天反對袁世凱稱帝的《順天時報》作爲包花生米的紙包。袁世凱吃花生米時，看到了這張報紙，跟早上送來的那份擁戴他稱帝的《順天時報》一對比，立即開口大罵：「奴才，一群狗奴才！」原來他發現，每天送來的這份報紙都是專門爲他印製的。

伴手禮有學問

袁世凱爲了拉攏皖系四金剛之首的靳雲鵬，經常請靳雲鵬的母親吃飯。而每次靳母也不空手而來，都帶著幾樣土特產：雞蛋十個，豆腐四塊，煎餅六斤，鹹菜一罐。時間長了，袁世凱就很納悶，這老靳家也不缺錢啊，老是給自己弄這一套。後來才知道那叫「四祥」：吉子十個，都福賜快，堅兵祿金，賢才一貫。袁世凱很高興。

皖系四大金剛之首的靳雲鵬，出身貧寒。他出生在山東的一個普通農家，兄弟姐

妹七人，他父親早年逝世，依靠自己的老母親邱氏賣煎餅、當奶媽為生，養活一大家子人。他母親曾給潘復當過奶媽，後來，靳雲鵬發跡當了總理，潘復也當過總理，於是「一個奶媽，奶出了兩位總理」。

當時國庫虧空，各省都來討要軍餉。各省說要鬧兵變，催款的電報跟雪片一樣飛來。總理靳雲鵬就把南北軍閥大鱷曹錕、王占元和張作霖等請來，商討辦法。這三個人都是搓麻將的好手，靳雲鵬只好邊跟大家打麻將邊談事。但是靳雲鵬輸得慘不忍睹，曹、王、張三巨頭倒是錢包滿滿，軍餉的事就不好意思再跟老靳提了。

袁世凱自從做了總統以後，出行很是謹慎。因為他深知自己樹敵太多，如果貿然出去是要被開瓢的，所以五年裏只外出過三次。一次是從鐵獅子胡同搬家到中南海，另兩次是為了郊天祀孔。每當袁世凱出行，自然是保鏢眾多，軍警開道，預先清場，群眾不能圍觀。即使是遠遠地偷看，被逮到了也要挨一頓板子。

洹上是河南安陽的一個小村子，袁世凱為了「養病」，在洹上買了一套別墅，覺得不夠大，就擴建了當自己的「養壽園」。有一次袁世凱突發奇想，划了條小船，撐個竹篙站在船尾巴上，這還不過癮，讓他哥袁世廉穿個破簑衣假裝釣魚。袁世凱說：

「我從此釣魚釣死，再也不問政事了！」結果沒有幾年，就扔掉魚竿跑了出來。

一九一五年十二月十二日，在眾人的「擁戴」下，袁世凱接受了稱帝的「請求」。中南海懷仁堂裏，擠滿了黑壓壓的兩百多個文武百官，向大總統鞠躬朝賀。完事了，袁世凱出來講話：

「當今處於亂世，我袁某人爲了救國救民，不得不出面當政，爲了匡扶社稷，我不僅要把我這把老骨頭獻出來，今後還要把子子孫孫也奉獻出來！」

袁世凱有過動症，他長得很胖，但總是閒不住，哪怕有一點空閒時間，他也要找些事情來打發，整理一下東西什麼的。但他卻不喜歡運動，什麼時候都不願意走，上班下班都是坐轎子，連上樓下樓也要坐轎子。於是在袁世凱小動和大不動的行爲規律下，越發肥胖，自己都看不見自己的腳了。

日本天皇登基，向各國元首發送賀電，唯獨袁世凱沒有收到。袁世凱又不好意思直接問天皇怎麼回事，新來的外交部秘書顧維鈞說，肯定是收發的時候搞錯了。調查出來了，果然是總統府機要秘書不認識天皇的英文名字，直接以「姓名地址不詳」處理。袁世凱很生氣：「哈佛大學畢業，也不過如此！」

民國元年，南京方面派代表北上迎接袁世凱赴南京就任大總統。袁世凱不願意去，就唆使部下兵變，並騷擾南方代表的住所。說北京政局不穩，不能南下。第二天早上，唐紹儀等南方代表來見袁世凱，正說著話，曹錕穿軍服進來了：「稟告大總統，昨夜奉大總統密令，兵變之事已經辦妥！」袁世凱很是尷尬，大罵道：「胡說，滾出去！」

一九一四年的一天，袁世凱正在和幕僚搓麻將，突然侍衛報告說，有個老鄉求見。老鄉一進來，撲通跪倒地上，說恭喜大總統、賀喜大總統。袁世凱問又出啥事了?來人說，袁世凱老太公的墳上長出一條碗口粗丈餘長的紫藤，有龍的徵兆!袁世凱就派專人對祖墳嚴防死守，每日巡邏好幾遍，並納入了升職考核，對於敢近紫藤半步的羊啊牛啊，一律依法逮捕，格殺勿論。後來又出現了好多奇怪的徵兆，似乎天真的有異象，這些徵兆在當時都出現在了外國的報紙上，可見年頭確實不太平。

袁克定支持他爹當皇帝，因為袁世凱當了皇帝後，袁克定就能當個太子。但袁世凱自己不能主動當皇帝，他只能「被皇帝」。於是在袁準太子的大力支持下，大量的八卦書籍開始出現，專挑些贊成帝制的文章散佈給大家看。袁世凱也看到了這樣的雜誌，再加上祖墳上長了這麼一條龍藤，不管別人到底信不信，總之袁世凱是信了。

袁克定從小就跟著袁世凱，無論袁世凱是駐節朝鮮還是小站練兵，袁克定未曾離開過一步。袁克定長得也是相貌堂堂，一表人才，一改他父親那種身材五短、赳赳武夫之形象。袁世凱在清朝爲官的時候，袁克定也在農工商部上班，但天有不測風雲，一九一二年年初，袁克定在河南老家騎馬的時候不慎摔傷，醫治不及時，成了瘸子。

袁世凱做了中華民國大總統並鎮壓二次革命後，穩穩坐上了中國頭把交椅。袁克定便開始鼓吹帝制，希望做個太子。他派人每天僞造《順天日報》送給袁世凱，只收錄贊成帝制的文章，並發起組織籌安會，讓他爹覺得民心可用。後來，當袁世凱在護國戰爭中失利，不得不取消帝制之後，曾罵他兒子袁克定「欺父誤國」。

袁克定晚年生活很是潦倒。他在頤和園租了一個房子，伙食條件也是相當的差，沒有大魚大肉不說，青菜都是罕見的。他常常把窩窩頭切成薄片，美其名曰「窩窩切片」，再把鹹菜夾進去吃。吃「窩窩大餐」的時候，煞有其事地裹上胸巾，用小木叉子一小口一小口慢慢嘬，他對人說：「再窮也不能丟了太子風範啊。」

袁世凱的三兒子袁克良，是個人來瘋。有一天，袁克良跟瘸腿太子袁克定又掐起架來，袁克良竟然沒有打過袁克定，吃了大虧，就跑到袁世凱那裏告狀說：「爹地，你知道不？大哥跟你最要好的小妾勾搭上了。」袁世凱很生氣，後果很嚴重，表示：

要把袁克定的另一條腿也打瘸！等到太子被嚇得跑出了京城，袁克良很吃驚：「原來真有這回事！」

袁世凱活著時，二兒子袁克文的生活很安逸，每天在上海等地的風月場所花天酒地，自號爲「風月盟主」，生活爽得不得了。後來袁世凱去世，沒有留下多少錢，袁克文也很淒慘，淪落到賣字爲生。但他很和善，凡是有叫花子跟他伸手要錢，「袁必予之。」後來袁克文也死了，追悼會上除了各界名流，竟然還有幾十號叫花子前來祭奠。

一九一五年，中日雙方就「二十一條」展開談判，中方派出了陸徵祥和曹汝霖開始和對方展開磨蹭大戰，把一半的時間用在了喝茶上。日本公使急了，說你以爲這是品茶大會啊，再不給答覆，把你家祖墳上全部種上碧螺春！被逼無奈，袁世凱政府除了這一條和那一條沒答應外，其他的全答應了。

一九一五年，袁世凱要稱帝，首先得打輿論戰。無論做什麼事都要先搞個宣傳，袁世凱的宣傳委員會陣容相當強大。這個陣容堪稱中國最有實力的思想大家的完美組合，寫了篇《君憲救國論》。說專制共和隨時都會動亂，大家趕緊弄出個皇帝來，讓大家沒得爭了，都歇了心，中國才能強盛。這一忽悠，即使袁世凱不想當皇帝也被忽悠得想當了。

一九一五年，參政院轟轟烈烈地召開國民代表大會，決議是否君主立憲。在袁世凱的脅迫下，這個問題變成了單向選擇題。十二月十一日，參政院彙總「全國民意」，公佈收上來的問卷的答案，上面一千九百多個代表都像複印出來的：「恭戴今大總統袁世凱爲中華民國皇帝，並以國家最上完全主權奉之於皇帝，承天建極，傳之萬世。」敢情都是袁世凱提前寫好的。

一九一五年十二月，袁世凱面對「擁戴書」故作謙讓，說什麼我要是做了皇帝，那不就是背信棄義了嗎？到當天下午，參政院再次提的時候，袁世凱就覺得不稱帝實在對不起大家了。開始講大道理，說天下興亡，匹夫有責，像我這麼愛國的人就犧牲了我自己，委屈一下，做了這個皇帝吧。一九一五年十二月十三日，袁世凱登基做了皇帝，改國號爲「中華帝國」。

袁世凱稱帝前，大家都知道他葫蘆裏裝的什麼藥。因此有人把袁大公子袁克定叫做曹丕，把袁二少爺袁克文稱作曹植。有一次兩兄弟又吵了起來，袁克文對大哥說：「你要做曹丕，爲什麼不許我做曹植？」袁世凱聽到了，把兩人罵了個狗血噴頭：

「你們兩個兔崽子竟然把自己比作曹丕兄弟，怪不得有人罵老子是曹操！」

袁世凱要做人民公僕，還要發揚光大。北洋軍閥孫傳芳看了報紙，差點把肚皮笑破了。孫傳芳說：「要做就做人民的兒子，不做人民的公僕。做公僕的都是騙子，不是偷主人的錢就是偷主人的老婆。那還不如人民的兒子，因爲兒子多孝順。袁世凱做兒子，普天之下沒有比他更適合的了！」

一九一六年元旦，袁世凱稱帝前，北京警政當局下令市場上所有賣的元宵改名爲「湯圓」。因爲元宵元宵，那不就是「袁消」的意思嗎，如果讓袁大頭聽見了，多不吉利。於是大街小巷，各大商場、各個地攤，全部一夜之間把「元宵」換成了「湯圓」。於是有人說：「袁世凱，元宵改，當了皇帝沒後代。」

袁世凱率領北洋新軍來勢兇猛，革命黨人勢單力薄，只好議和。在議和期間，孫中山的民國政府早已經約束不了袁世凱，同盟會也支離破碎，對袁世凱束手無策。黃興等大多數人主張跟袁世凱妥協算了，汪精衛也曾經「當面斥孫公」，諷刺孫中山：「孫先生，你不贊成議和，是不是捨不得總統啊？」

武昌起義成功後，南北議和，雙方達成妥協，讓袁世凱到南京來繼任大總統。但袁世凱是一個很狡猾的人，找藉口要在北京任職，不能脫離北洋軍閥的大本營。南京臨時政府參議院進行表決，結果多數票同意袁大頭的想法。孫中山和黃興很生氣，黃興生氣地說：「屈辱！必須翻案！如果還是這樣，我就把他們都綁了去北京！」

袁世凱曾經和岑春煊爭寵，可是鬥不過人家。每次袁世凱跟慈禧打小報告，說岑春煊跟康有爲、梁啓超等叛黨是一夥的，因爲岑春煊有功在身，慈禧也不敢相信，岑春煊反而越來越紅了。正當袁世凱鬱悶的時候，一個廣東的蔡乃煌用技術把岑春煊和康有爲的照片合成了一張，袁世凱交給了慈禧，慈禧很憤怒，趕走了岑春煊，袁世凱因此得寵。

袁世凱想稱帝的時候，李經羲曾經去勸他。李經羲說：「總統您有雄才大略，現在卻想當皇帝，不顧國家和民心，恐怕幾十年的名聲就要被小人給忽悠壞了。要是當皇帝容易，李鴻章早就當皇帝了。您要多考慮考慮啊！」袁世凱一聽臉都白了，只好說：「這件事事關重大，全取決於群眾，全取決於群眾。」

袁世凱和他老家關係很不好，鬧僵了好幾回。他的七弟袁世傳，反對袁世凱稱帝，勸他千萬不要聽「楊度等豎子」的忽悠。袁世凱笑呵呵地說：「嗯！好的！沒問題！」等人走了繼續籌備自己的皇帝大業。袁世傳知道後，很是失望，寫信給老袁，說：「老哥你當了皇帝，以後咱哥倆就絕交了！」袁世凱說：「胡鬧，絕交就絕

交！」

Q 命喪二陳湯

袁世凱要稱帝，小弟湯薌銘在湖南舉行「民主」選舉。各個代表進了選票廳，選票的票面上印著「茲推戴袁大總統爲中華帝國大皇帝」的一行小字，中部印著兩個空白大圈，填「贊成」或「否認」，下面有三個小圓圈，是實名制選票。從填票到投票一直有全副武裝的士兵監視，於是袁世凱在「民主」選舉中全票當選。

湯薌銘當時在袁世凱準備稱帝時跑前跑後，忙得跟袁世凱的親兒子似的。不僅帶頭勸各省都督擁護老袁，而且僞造湖南人民擁護袁大總統的勸進書，袁世凱就把他當成了親兒子看待。結果，這個親兒子沒多久就給了袁世凱一腳，宣布湖南獨立。這下把袁世凱氣得直喊「完了，完了，親兒子都跑了！」

一九一四年三月，袁世凱將自己的家庭女教師周道如許配給馮國璋做了續弦夫人，婚禮之隆重轟動大江南北。周道如嫁給馮國璋後，將馮的一舉一動都通過侍女報告給了袁世凱。袁世凱死前曾感慨道：「我扶持小弟數十年，有房有車，一手提拔，事到如今，沒有一個不做白眼狼的！還不如一個婦人，對我始終報恩，那些北洋的文武舊人，還不羞愧死啊！」

袁世凱的家族宿命論。袁世凱取消帝制時曾經說：「我又看到一顆流星，第一次看到，沒有一個月李鴻章就死了，這次又看到，估計我也快了！我家族男子幾代以來都沒有能活過五十九歲的，我都五十八了，估計也打不破這項記錄。」不久，袁世凱果真一病不起，遂一命嗚呼，沒能打破宿命。

袁世凱的鐵哥們

唐紹儀也是袁世凱的鐵哥們，袁世凱素以知人善任著稱，但他一手提拔起來的唐紹儀，卻爽快地和南方代表簽訂了共和體制，讓袁世凱稱帝的事擱淺，而且孫中山突然當上了臨時大總統，讓想當大總統的袁世凱差點吐血。所以說這哥們是靠不住的，晚年袁世凱想起自己眾叛親離，很是傷感。

唐紹儀很有錢，出手也很闊綽。他當奉天巡撫時，有一個地方官去拜見他。客氣之後，開始天南地北地海扯，聊到了衣服的話題。那個地方官穿著一件價值好幾百兩

銀子的青狐素袍褂，兌換成現在的幣值，也是好幾萬的高檔衣服，可是唐紹儀說他：「你當了這麼多年的官，怎麼連一件好衣服都沒有？」於是送給他一件貂皮大衣。

一九二九年，唐紹儀回到故鄉，就任中山縣訓政實施委員會主席。當時他已經六十七歲了，卻在就職詞中說：「我宣布，要用廿五年的時間，將中山縣建設成爲全國各縣的模範！」下面有位同志就問了句：「這樣的理想能實現嗎？」唐紹儀很堅定，說：「這個嘛，應該可以吧。」不到十年，老唐一命嗚呼，偉大理想沒能實現。

Q 民國一號人物

徐世昌是民國一號人物，和袁世凱並稱「一文一武」。既然是著名的文人，就要有兩把刷子，可是徐世昌不止有兩把刷子，他滿身都是刷子。他舊學功底深厚，吟詩、作畫、寫字是每天的必修課，而且寫牌匾的功夫是別人拍馬也追不上的。他光楹聯就寫了一萬多幅，不僅現在中南海裏有他的匾、聯，那時很多權貴也都想要他的題字。

最開始的時候，徐世昌是個小人物，每天給人家抄抄書，直到後來遇見了袁世凱，袁世凱資助他考上了翰林，可惜工資太低，連饅頭都買不起，每天吃糠咽菜。於是袁世凱又慷慨相助，把他聘爲營務處總辦，工資比以前高了四五十倍，都能在北京買房了。從此徐世昌對袁世凱更感激了，恨不得連自己的褲子都跟袁世凱一起穿。

袁世凱想當皇帝，可是他自己說過：「永不使帝制再現於中國。」那怎麼辦呢？「籌安會六君子」就來幫忙出主意。徐世昌說：「依我看，我們可以搞個全國請願聯合會，逼參政會選咱袁大哥。」於是，總統府前面便出現了一隊又一隊的請願「群眾」。

徐世昌雖然小時候家裏很窮，但他家教很好。他的母親劉氏是桐城派劉大櫆的後代，相當有修養，對徐世昌等兒女也都從小培養。有一次，徐世昌和他的弟弟徐世光見桌子上有三塊糕點，誰都想多吃一塊。結果被劉氏看見了，把糕點直接摔在了地上：「你們兩個如果從小就爭著搶著吃，不懂得互相尊敬，長大了還了得？」

徐世昌曾經在河南項城做縣長秘書。有一天，他去拜訪袁世凱，門衛攔他，他當作沒看見，到了裏面，看到袁世凱正在讀書。兩人一番交談，談天論地，都很是敬佩對方，就拜了把子。回到縣政府，他對縣長說：「我認識一個人，他以後肯定會成大事的！」縣長說：「誰？」徐世昌大聲說道：「就是那個叫項城的袁胖子！」

徐世昌曾經刻意培養自己的嫡系勢力，無奈沒有成功。他一邊拉攏曹錕、張作霖，一邊栽培自己的六弟徐世揚和九弟徐世良。一九一八年，徐世昌提拔徐世揚做黑龍江督軍，結果他拿著委任狀還沒上任，就病故了，徐世昌連呼：「我的左膀斷了！」而他的九弟身體也不好，在徐世昌就任總統前，也一命嗚呼了，於是徐世昌再次感嘆：「我的右膀斷了！」

徐世昌年輕的時候很窮，有房沒車沒女人，房子是祖傳的幾間茅草屋。正當徐世昌感嘆什麼時候能從天上掉下來一個老婆的時候，縣裏有個師爺把自己的妹妹嫁給了徐。二人結婚後，更是窮得要死。師爺對受苦的妹妹說：「你相公才華出眾，將來必有出息。」妹妹就堅持了下來。幾年後，徐世昌果然中了舉人，步步高升。

徐世昌是個守舊派，對革命很不感興趣，把革命黨人稱作是一群「過激分子」。他怕孫子也被革命思想傳染，早過了入學年齡也不讓兒孫入學，硬是把兩個孫子關在家裏讀書。一九一四年端午節，下了台的溥儀請大夥吃飯，徐世昌居然又換上了大清的那一套古董打扮官服，以大清「太傅」的身分去赴宴，大夥都差點笑抽了。

徐世昌不僅十分迷信，有一段時間還對顏元、李塨二人的學說很感興趣。爲了表示自己對於偶像學說的尊敬，就派人給這兩個心目中的偶像造了兩尊塑像，立在了孔夫子廟裏做陪祀。李見荃表示壓力很大，說：「這二人與孔聖人不是同一時代，不知孔聖人會不會怪罪我們呢？」徐世昌淡定地說：「死人會在乎啥啊！」

北洋期間，大小軍閥養鳥逗鳥成爲一種時尚。徐世昌也跟風弄了一隻，把八哥當成了寶貝兒子來養。起床第一件事就是看望一下寶貝，連少了根羽毛都很清楚，把傭人一頓臭罵。後來八哥聽老徐罵人，就自學成才，見到老徐擺著苦瓜臉回來了，仰頭便是一陣高叫：「徐世昌蠢貨，徐世昌飯桶！」於是八哥英勇就義。

袁世凱死後，徐世昌躲到河南輝縣百泉山玩歸隱，並自號爲「水竹邨人」。他爲了顯示自己的清高，特意刻了一塊印：「芒鞋布襪從今始。」又說：「吾與清室及項城皆有不可解之關係，如今清室退位，項城故去，吾其安雲泉、狎鹿鶴矣！」意思是說再不參與政治。沒裝幾個月，府院之爭的時候，徐世昌坐不住了，主動要求出山調停。

護國將軍蔡鍔

蔡鍔被袁世凱軟禁，困在北京，袁還派人監視，後來他逃脫控制，回到雲南誓師

討袁。關於他是怎麼逃脫的，版本很多。有的說蔡鍔是藏在洗衣簍裏跑出來的，也有說是跟袁世凱請了病假出來的，也有說是借妓女小鳳仙混在女人堆裏跑出來的。但是結局總比過程重要，蔡鍔的逃脫使得袁世凱最終走向了覆滅，意義重大。

由於蔡鍔的父親死得早，所以家裏的重擔都落在了蔡鍔母親的肩膀上。後來蔡鍔有了出息，不管走到哪，都把母親帶在身邊，盡自己的孝道。蔡母卻仍然很勤勞，洗衣做飯都由自己來。蔡母總是對別人說：「繁華的地方不一定好啊，金窩銀窩，不如自己的草窩。」

蔡鍔微服私訪，深夜回到都督府。前門衛兵不認識蔡鍔，大吼一聲：「證件！」蔡鍔轉到後門，可是後門衛兵也不認識他，吼得更大聲：「拿證件！」蔡鍔說有事要見都督，衛兵看著他衣冠不整，很懷疑，抬手給了蔡鍔兩巴掌。恰巧一個參謀走出來，喊了一聲「都督」。蔡鍔回去後要提拔衛兵，不料那孩子給了蔡鍔兩巴掌後，早已嚇跑了。

袁世凱爲了稱帝大業，將蔡鍔調至北京，時刻監視他。蔡鍔假裝對袁世凱百般附和，經常出入風月場所。後來，他結識了小鳳仙，成爲知己，讓她幫自己。小鳳仙找了一個熱鬧的日子讓蔡鍔在房中飲酒，等到前往天津的火車要開走時，蔡鍔以上廁所爲藉口，連衣帽都沒拿，一溜煙從人群裏消失，跑到了天津，逃離了監控。

蔡鍔當初被袁世凱軟禁在北京，每天都是在妓院裏吃喝玩樂。他喝著花酒，摟著小姐，八大胡同裏的妓女差不多都要逛遍了。他經常跟小鳳仙等妓女混在一起，招搖過市。後來蔡鍔突然從北京跑了出去，回到了雲南，發起了聲討袁世凱的護國運動。八大胡同的姐妹們聽說了，都調戲小鳳仙說：「哎呦，沒想到這個英雄就是蔡郎啊！」

小鳳仙與蔡鍔兩人成就了世人皆知的傳奇故事。蔡鍔將軍逝世後，小鳳仙忘不了那段名流千古的愛戀，又來到初識的地方青雲閣，想要再體會一把當時的感覺，結果遇見一個長得非常像蔡鍔的人，就嫁給了他，之後她便隱姓埋名，過著普通人的生活。

蔡鍔是梁啓超的學生，兩人有二十年的交情。蔡鍔病逝以後，梁啓超在上海爲自己的愛徒舉行公祭和死祭，他在祭文中說：「自從你跟著我學習以來，一轉眼二十年過去了，那時上課時我對你的提問，在住所時你的笑聲，至今回想起來，很懷念。辛亥革命時你沒有死，護國戰爭時你也沒有死，現在你爲國家死了，也算死得其所。」

袁世凱掛了，蔡鍔送了一副輓聯：「辛亥革命，你在北，我在南，野心勃勃，難

容正人，懼我怕我，竟欲殺我；海內興師，上爲國，下爲民，雄師炎炎，義無反顧，罵你笑你，今天弔你。」他把輓聯送了過去，出來的時候，袁世凱家的人跟在屁股後面罵他。沒幾年，蔡鍔也追隨袁世凱去陰間對罵了。

Q 清宮遺恨

隆裕太后其實長得一點也不好看，常常一副苦瓜樣，所以老公光緒對她也不寵愛，隆裕就容易被人欺負。那時有三個妃子給她難堪，要給慈禧守墓，不回宮，隆裕沒說話，太監小德張站了出來，對三位妃嬪說：「既然這樣，皇后給你們在這蓋棟房子，成全各位。」沒等說完，三個妃嬪一溜煙跑著回宮了。

一九一三年二月廿二日凌晨，隆裕太后病逝於長春宮，時任民國總統的袁世凱隨即下令全國下半旗致哀三日，親自臂戴黑紗。副總統黎元洪也很客套：「德治功高，女中堯舜。」隆裕的葬禮之所以這麼榮耀，是因爲袁世凱的需要。袁世凱爲了表現自己不忘大清，懷念舊情，於是隆裕就「被需要」了，死了也要給袁世凱折騰一回。

攝政王載灃是一個時尚潮人，他曾出使歐洲，回來時，帶了一輛歐式馬車回來。

而且他還買了地球儀、天文望遠鏡等科學儀器，每當看到哈雷彗星、五星連珠、日食、月食、女人洗澡等現象，就寫在自己的日記裏。他不僅剪了辮子，而且開著汽車、打電話、穿著西服，在那個時代，載灃顯得十分新潮時尚。

載灃一輩子最恨的人是袁世凱。光緒皇帝是載灃的親兄弟，結果突然去世，社會上都說是袁世凱這個袁大頭殺了光緒這個冤大頭，而且袁世凱的軍隊勢力把朝廷都快塞滿了，恨不得把洗廁所的老太太也換成他的人。載灃於是恨死了袁世凱，甚至載灃家裏的小孩，包括溥傑等，「看到袁世凱的相片，都會去剜他的眼睛」，還撒泡尿在上面。

奕劻是出了名的貪污受賄。據說奕劻桌上常備一個盒子，內置官員名單，依官索賄。那時人們把慶親王府稱爲「老慶記公司」，專門賣官貪污。袁世凱正好是個出了名的拍馬行賄之人，出手很闊綽，行賄方式無微不至，不僅慶親王的生日請客，連奕劻兒女上學都是袁世凱掏的錢。所以這兩個人就成了當時的「雙賄」組合。

上梁不正下梁歪，奕劻的兩個兒子二阿哥和五阿哥也不是什麼好貨色。奕劻過個生日都得造冊登記，收受一兩百萬白銀，但還是不夠這兩個兒子給撲騰的。五兒子喜歡打獵，而且槍法不準，老是走火打著自己，要不就是給人揍成熊貓眼，三天兩頭進

醫院。二兒子喜歡嫖妓賭博，每當沒錢了就跟家裏說：「爸，媽，我又沒錢了！」

溥儀每天由太監給他洗澡、擦身子、穿衣服，無聊時還能騎著太監玩。據一份一九〇九年的紫禁城伙食清單顯示，四歲的溥儀在一個月內，吃掉了兩百斤豬肉和兩百四十隻雞鴨，浪費了這麼多東西，也不得不感嘆爲什麼清朝要滅亡了。

一九〇八年，慈禧老太婆去了極樂世界，溥儀坐上了天下第一的寶座。登基典禮上，文武百官扯開了嗓子喊著萬歲，旁邊的儀仗隊也狠命地敲鑼打鼓，放著鞭炮。這陣勢，把溥儀嚇得差點尿了褲子，一個勁兒地猛哭，溥儀他老爹攝政王載灃說：「別哭，別哭，快完了，快完了！」結果不出三年，清朝就真完了。

溥儀做皇帝的時候，曾經把幾首明代詩人的詩，名字改成了《蝴蝶》、《浮月》、《荷月》，以鄧炯麟的筆名，投寄給上海一家小報《遊戲日報》，竟然發表了。他的老師莊士敦看到了，也收錄到《紫禁城的黃昏》一書中，說：「我的皇帝學生真是具有『非凡的詩人氣質』。」溥儀下了台，在他寫的《我的前半生》中披露了這一笑談。

一九一七年，張勳復辟，十二歲的溥儀再次做了皇上。段祺瑞誓師討伐張勳，每天找人開著飛機嚇唬溥儀，專門在清宮上面盤旋。當時清宮裏面住的都是太監婦女，聽到飛機轟隆隆的聲音，嚇得跑到屋子裏躲起來。而溥儀不僅不害怕，還叫人出來：「快出來吧，完了完了！」瑾太妃說：「這次難道又要完了嗎？」伏地痛哭。

溥儀下臺之後結婚，各地的遺老遺少和大人物還是送了一份禮。徐世昌送了兩萬元是最大的禮包，黎元洪大總統則從關稅裏撥出十萬元，八萬是清室優待費，兩萬算是全國人民隨的禮錢。各地的遺老遺少都很積極，單論省分來算，送賀禮最多的，是第一個起來提倡革命，最終導致溥儀下台的廣東。

＊微歷史大事記＊

一九一一年十月十四日，清廷起用袁世凱為湖廣總督，督辦「剿撫事宜」。

一九一一年十一月一日，清軍攻佔漢口，民軍退守漢陽、武昌。

一九一一年十二月一日，鄂軍政府與袁世凱簽訂停戰協議。

一九一一年十二月五日，清廷授袁世凱為議和全權大臣，唐紹儀南下議和。

一九一二年二月十二日，清朝末代皇帝溥儀退位，結束了長達兩百六十八年的清朝統治。

一九一二年三月十日，袁世凱於北京就任第二屆臨時大總統。

一九一三年三月廿二日，宋教仁被殺，南方省分發動二次革命失敗。

一九一五年八月十四日，楊度等聯合發起成立籌安會，公開進行復辟帝制活動。

一九一五年十二月十二日，袁世凱稱帝，改國號為中華帝國。

一九一六年十二月廿五日，蔡鍔、李烈鈞等發動護國戰爭，誓師討袁。

一九一六年三月廿二日，袁世凱眾叛親離，內外交困，被迫宣布取消帝制。

一九一六年六月六日，袁世凱病逝，洪憲帝制以失敗告終。

第三章

軍閥軼事一籮筐

傀儡總統黎元洪

黎元洪是天津水師學堂的優等生，嚴復很欣賞他，稱讚他「德勝於才」。一般人都認爲嚴復的評語其實是在諷刺黎元洪，實際上，黎元洪的軍事才華也是相當出眾的。他曾參加過朝廷的兩次秋操，並指揮南軍兩次取得南北對抗的勝利，段祺瑞便是他的手下敗將。後來兩人又掐了起來，發動了「府院之爭」。

黎元洪爲了袁世凱做總統鞍前馬後，不料袁世凱卻要做皇帝，把自己弄成了罪人。袁世凱洪憲稱帝，要封黎元洪爲「武義親王」，黎元洪寧死也不接受。停了幾天，江朝宗來宣讀聖旨，三拜九叩，雙手把詔書給黎元洪：「請王爺受封。」黎元洪氣憤地說：「你回去告訴袁世凱老兒，他要老子做王爺，門兒都沒有！」

袁世凱死後，段祺瑞不能繼任總統，就去請黎元洪出山。到了黎元洪那兒，看到黎元洪跟個木偶似的一動不動，行過禮後，兩人面對面沉默地坐了半個鐘頭，黎元洪的管家在心裏說：「段合肥，你倒是說讓我們家老黎做總統啊。」可是段祺瑞沒有聽到，實在是無趣，起身回家去了。

黎元洪當了民國大總統，一日出外考察民情，順便視察軍隊。他來到了陸軍檢閱總署，檢閱使馮玉祥開始哭訴：「日子快要過不下去了，軍隊伙食標準太低，生活太苦，一天三頓小米飯，趕快多發點糧餉，犒勞犒勞肚子也好。」黎大總統說：「這個情況嘛，我還是瞭解的，小米營養價值高，吸收好，每天三頓能吃飽！我很愛吃。」

一九一六年「府院之爭」，是因爲黎元洪實在是受不了侮辱。國務院秘書長徐樹錚只聽段祺瑞的話，根本就不把黎元洪放在眼裏。有一次，徐樹錚拿著福建三個廳長的任命書讓總統黎元洪蓋章，黎元洪正要問這三個人怎麼樣，還沒說完，徐樹錚就說：「總統不用多問，快點蓋章，我很忙，沒時間。」讓黎元洪很難堪。

一九一六年，以黎元洪爲首的總統府集團，與以段祺瑞爲首的國務院集團之間幹起架來，實際上是美、日兩大後臺國在中國問題上的利益糾紛。中國自己的事還管不了，還想在第一次世界大戰中出兵德國管人家。於是段祺瑞和黎元洪就在政府大院裏面開始掐了起來，各方勢力都參與了進來，越鬧越大，弄得雞飛狗跳，史稱「府院之爭」。

黎元洪復任總統後，財運有點不順。在一次宴會上，黎元洪感慨道：「不在此山中，不知總統苦啊，才月把多，光他媽的錢就賠了三萬多！」馮玉祥很納悶，問道：

「總統是旅長出身，哪兒來的這麼多銀子啊？」黎元洪說：「當然是存的啊！」馮玉祥更納悶了：「旅長每個月的工資也就那麼幾百兩銀子，怎麼會存那麼多錢……」

一九二三年六月，曹錕把黎元洪趕下了台。黎元洪決定跑到天津去，臨走的時候把總統大印也帶了出來。曹錕親自讓新任命的直隸省省長王承斌帶著軍警，上了火車跟黎元洪要總統大印。黎元洪問：「我不把大印交出來，你敢把我怎麼樣？」王承斌冷笑著說：「既然是這樣，那就委屈總統在車上好好想想嘍！」於是黎元洪交了印。

黎元洪被趕下臺後，跑到天津避居。每天待在家裏，跟宅男差不多。段祺瑞怕他被西南軍閥等利用，就一直邀請他到北京住，黎元洪每次都婉言回絕。一次，天津發洪水，段祺瑞說：「你來北京避避水災也好。」黎元洪回道：「正是因爲發水災，我還要救濟災民，哪有功夫抽身啊。」段祺瑞只好作罷。

一九三五年，國民黨政府爲黎元洪舉行了國葬盛典，當成了喜事來辦，搞起了持久戰，葬禮過程包括天津殯殮、北京追悼和武昌安葬，還是三部曲，前後歷時八年，可以想像老黎會從棺材裏蹦了出來，說：「咱能不能快點，我骨灰都快沒了。」國民黨說：「沒事，這不是爲了給你申請世界記錄嗎！」老黎爬了回去：「這個還是要得的！」

Q 只會穿小鞋的段祺瑞

坐鎮北京的段祺瑞，從小是個窮小子，又是天生的槓子頭，整天與人抬槓，脾氣倔得像頭驢。那時，袁世凱的兒子袁克定想學別人練兵，就讓老爹去段祺瑞那裏說情，尋思著能不能混個團長當當。老袁本以為自己這個大總統少說也有半斤面子，結果段祺瑞笑了：一兩也不給！說讓這麼個瘸子立操場上，影響軍容。

段祺瑞看準了的事，就是把他的頭擰下來當球踢，也不會改變原則。晚清時，慈禧逃難回京，沿途官民跪拜，一路走來，是整整齊齊撅起朝天的屁股蛋子，讓慈禧好不快意。可突然看到前方段祺瑞的軍隊不僅不跪，反而以筆直的軍姿給慈禧瞧了個新鮮。段祺瑞說：「跪著的都是奴才，奴才組成的軍隊要是能上陣殺敵，老子就把姓倒過來寫！」

段祺瑞喜歡下棋，不贏就不高興，甚至罵人。有一天，他聽說剛從日本獲得九段的著名棋手吳清源回到了上海，馬上把他喊過來殺一盤。兩個人殺了一個下午，結果段贏了半個子，段祺瑞很高興，重重有賞。第二天有人問吳清源，吳清源笑著說：

「段先生老了，作爲我的師長，讓他半個子，給老人一點安慰吧。」

段祺瑞對兒子段宏業的要求特別高。有一天，老段跟兒子下棋，結果段宏業輸了。段祺瑞火冒三丈，大罵道：「連下棋這種雕蟲小技都不行，有什麼用！」第二天，這對父子又下棋，這次段宏業贏了，但老段又火冒三丈，開罵了：「只能在這上面消遣，你也就這點志氣！」小段覺得日子沒法兒過了。

段祺瑞這人，穿衣戴帽極不講究。平時在家，隨便穿個長衫，頭上戴頂瓜皮帽，有時候在公眾場合也很不注意形象，西服領帶都歪到背上去了，都懶得用手拉一拉。有一次段祺瑞宴請外賓，因西式的衣服、鞋子不太合腳，就臨時換了一件中式的藍袍馬褂。誰知道，袖子太長，袍子太短了，搞成了非主流，笑死一群人。

段祺瑞是小孩的時候，不愛乾淨，每天都掛著一尺長的鼻涕。當時，段家有個老公差叫邢寶齋，邢寶齋看不起段祺瑞，經常罵他。後來段祺瑞出頭了，這老公差卻還在大街賣掃帚。大街上的人諷刺他：「守著個財神不知道燒香！」邢寶齋說：「咱也不知道他能有今天呀！早知如此，當初就對他好點！」

段祺瑞一生沒有不動產，值得敬佩。段祺瑞在北京一直是租房子生活，後來袁世凱跟別人打牌，贏了四十萬大洋，那人就把房子抵押給了袁世凱，但沒給房契。袁

世凱就把這套房子給了娶了自己義女的段祺瑞。袁世凱死後，房主的兒子拿著房契來找總理段祺瑞，要收回房子。段祺瑞見人家手中有房契，二話沒說，帶著一家人搬了家。

段祺瑞一生清廉，潔身自好。段祺瑞在執政期間確實不貪污，還欠黎元洪一屁股債。他從來不收禮，只是遇見最親近的下屬和友人送來禮物，實在不好意思時，才會挑選一兩樣最不值錢的東西留下。對於別人送的重禮，他一概回絕。只有一次例外，段祺瑞將別人送的禮物照單全收，那便是馮玉祥送來的一個大南瓜。

一九○二年，袁世凱在北洋新軍中提拔幹部，選手一律要經過考試。王士珍和馮國璋都先後考過了，段祺瑞考了兩次都沒錄取。馬上又是第三次考試，段祺瑞很失落，不料考試前一天，袁世凱偷偷地派人把試題給了他，還給他上下打點了一番，段祺瑞再考不中可以回家種地去了。每當談起這段經歷，段祺瑞總覺得「愛恩深重，終身不忘」。

一九一一年十一月十七日，段祺瑞接到老上司袁世凱佈置的任務，去前線換掉連打勝仗的馮國璋。因爲袁世凱想和革命黨人南北議和坐下來和談，而馮國璋卻不聽袁世凱的暗示，反而打得更歡了，直接把革命黨人轟出了漢口。袁世凱急了，讓清政府把馮國璋換成了段祺瑞，段祺瑞很聽話，一到漢口，和起義軍各自守防，不打了。

袁世凱為了嚴肅風紀，派員警總監吳炳湘去好好地查一查政府大員賭博等不良作風。吳炳湘很敬業，不久就嘩啦啦搞上來一大溜名單，第一個就是段祺瑞。袁世凱看了，笑著說：「炳湘啊，這玩笑不能這麼開！小段這個人我是知道的，每天晚上都來個十圈八圈的，不礙啥事的！我讓你查的是每天搞通宵，而且輸贏很大的那幫人。」

段祺瑞除了培植私人力量外，也很注意拉攏人。他不僅聘任袁世凱的親信丁士源為自己的副官長，奉天民政長（省長）許世英也被他拉攏，拜了把子。他的勢力，除了靳雲鵬等四大金剛外，以曹汝霖、陸宗輿、章宗祥三人管外交；曾毓雋、李思浩兩人管理財；王揖唐等安福系操縱國會；倪嗣沖、盧永祥等則是手握重兵。

洪憲帝制，段祺瑞不支持袁世凱做皇帝，並辭去陸軍總長一職。段祺瑞的老婆是袁世凱的表侄女。為袁世凱稱帝的事，段夫人對段祺瑞很有意見。一天，段夫人當著眾位親友的面，用手指著段祺瑞的鼻梁骨罵道：「真是個沒有良心的傢伙！虧得總統對你那麼好！」段祺瑞無奈地說：「我也是被逼的啊！愛莫能助，愛莫能助啊！」

一九一六年，袁世凱舉行登基大典，段祺瑞說自己生病，請假不去參加，有人說：「袁世凱這麼器重你，你卻在稱帝問題上反對他，當總統還是當皇帝，還不是

一回事。」段祺瑞皺著眉頭說：「你知道什麼！袁世凱當大總統，我們是站著說話，稱了帝，我見了他要跪著說話，那我不就從長子變成矮子了嗎！老子最討厭這種事了！」

一九一七年，府院之爭爆發，張勳率軍進京調停。張勳率辮子軍北上路過天津，專門下車拜訪段祺瑞。段祺瑞很嚴肅地對他說：「你若復辟，我一定打你！」又說：「保清帝復位的事，即使勉強辦了，就算北方答應，南方也決不會答應，因此至少應該緩辦。」張勳不聽，回頭復辟了。於是段祺瑞組織了「討逆軍」，把張勳打跑了。

一九一七年，段祺瑞「再造共和」，擁戴馮國璋做了代理大總統。段祺瑞、馮國璋和王士珍三兄弟相聚北京，湊齊了「北洋三傑」。他們表示：「咱們三兄弟齊心協力，不分你我，一起幹大事，從此安寧。」沒停多久，馮和段就鬧起了矛盾，段祺瑞罵馮國璋：「馮華甫（**馮國璋的字**）本來是狗，現在看來，簡直連狗都不如！」

府院之爭中，黎元洪讓張勳出面調停，不料張勳野騾子撒了歡，搞起了復辟。後來張勳復辟失敗，逃到了荷蘭使館，段祺瑞「再造共和」，還是做總理。有一天，他去勸黎元洪回來做總統，黎元洪道：「豈有辭條之葉再返林柯，墜溷之花重登袵席。心腳肝俱在，面目何施！」段祺瑞心裏高興，但面子工程還是要搞的，「哎」了一聲。

兼任陸軍總長的段祺瑞辦了個軍官教導團，主持開學典禮。段祺瑞指著身邊的靳雲鵬說：「你們靳督練就是你們的榜樣，那時他只是一個菜鳥，現在都當上了國務總理！所以說『小站練兵，數隻八千，飛黃騰達，何止萬計！』」靳雲鵬附和說：「總長說得對，跟人得跟對！」下面齊聲喊道：「跟著總長，飛黃騰達！飛黃騰達！」

一九二五年，孫中山先生因病在北京逝世。開追悼會時，汪精衛把各界名流都通知來參加，後來總感覺少了誰，仔細一想，還有個段祺瑞，就讓人去通知，讓他也來參加。不料通知送到，段祺瑞又犯病了：「足腫皮鞋穿不下去，恕未能臨。」敢情是穿小鞋穿的啊！於是世人都譏笑老段一輩子有大鞋不穿，只會穿小鞋。

記憶力超強的徐樹錚

徐州南關，有位先生象棋下得很厲害。他自恃所向無敵，竟把「將」用釘子釘死在棋盤上，以為沒人能把它撼動。有一天，徐樹錚找他下棋，兩人你來我往，一陣猛烈廝殺之後，老先生居然滿頭大汗，被逼得臨時找來斧頭起釘子，讓「將」能離開原

位，躲避對方凌厲的攻擊。那一年，徐樹錚只有十一歲。

徐樹錚記憶力超強。曾任北洋第七十四混成旅旅長的陳調元回憶說，有一次，他到北京辦公事，朋友請吃飯，飯桌上遇到了徐樹錚。經朋友介紹雙方認識後，徐樹錚說看到他的公文了，同時指出他是要求補充多少槍、多少發子彈，以及要多少軍餉等。陳調元驚訝得嘴巴都成了「O」型，覺得自己都沒對方記得那麼清楚。

徐樹錚槍殺了陸建章，張作霖知道後很不滿，不僅撤銷了奉軍在天津的司令部，分軍械時，也只給了徐樹錚兩旅半。一天，兩人和曾毓雋抽大煙，張作霖說：「奉軍進關，虧得你多方照顧。」徐樹錚說：「裝模作樣！再這樣整，我打不過你，就求日本人來搞你。」氣氛開始有股火藥味，曾毓雋趕緊說：「我們抽煙，抽煙。」

徐樹錚不願意家人依附他而謀得一官半職。有一次，徐樹錚的二哥徐樹鍠說自己要去北京找弟弟當官。徐樹錚連忙令山東督軍靳雲鵬在中途將二哥接到了濟南，遊山玩水，吃喝玩樂。可拖了兩個月，徐樹鍠還是跑到了北京。徐樹錚在家裏剃頭，突然有人說：「二大人（**徐的二哥徐樹鍠**）到了！」徐樹錚一聽，留個陰陽頭趕緊藏了起來。

徐樹錚去歐洲考察。有一次，吃晚餐的時候，徐樹錚對屬下說：「我有一上聯，只有四個字，名為『開公事房』，你們誰能對出？」眾人都直搖頭，表示聽不懂，徐樹錚又說：「你們倒過來念。」眾人一看，全都笑趴下了，紛紛表示徐老真是文壇奇才！後來，一個人對出了「了私情案」，總算有點湊合。

徐樹錚當時去法國考察，請當地官員吃飯。開席的時候，老徐謙虛地說：「女士們，先生們，飯菜不好，請大家諒解。」這句話在中國很平常，結果法國飯店老闆就不幹了：「你當著這麼多名流說我的菜不好，我以後怎麼做生意？咱倆法庭上見！」後來賠禮道歉才了事。

一九二五年年底，徐樹錚到上海，去拜訪他很崇拜的末代狀元張謇。徐樹錚走後，張謇一直感到很煩躁，一天夜裏，突然夢見徐樹錚來向他告別，並作了一首絕命詩：「與公生死幾何時？明暗分途悔已遲。戎馬書生終誤我，江聲澎湃恨誰知？」張謇被嚇醒了，趕緊把詩寫了下來，細讀之後，覺得心裏毛毛的。幾天之後，徐樹錚在廊坊被殺。

Q 濟武將軍張懷芝

張懷芝曾經救過袁世凱的命，因此得到重用。袁世凱在小站練兵時，有一次，袁世凱騎著馬時，不小心從馬上掉下來，腳套在馬鐙上，情勢相當危急。隨馬小兵張懷芝臨危不亂，用腦袋和肩膀頂住驚馬，才使馬停了下來，救了袁世凱一條小命。袁世凱知恩圖報，不僅把他收做乾兒子，還給了他一個北洋六鎭鎭統（師長）當。

張懷芝是個大摳門，身爲參謀總長的他經常拖欠工資，甚至一個少校連長被拖欠了十七年的工資沒給，真不知道是怎麼活過來的。有一次，張懷芝過年的時候，總算出現在了部團一次，大家都快要餓死了，圍住張部長，希望能發一點工資犒勞一下肚子。張部長滿面春風的樣子，大家覺得有戲，張部長開講了：「要是餓了，勒勒腰帶就不餓了。」

一次，山東督軍張懷芝傳見本省籍的一百八十多個候補縣知事到團訓話，他說：「你們各自都有地盤，同樣的地皮，爲什麼不去搜刮外省而向本省來搜刮！我年輕當兵的時候就很有原則，不升官去做強盜，但我絕不在本省做強盜，一來不忍心；二來做強盜發了財，鄉里人都知道錢是怎麼來的，我不能顯擺。你們這一批知事真是太不懂事了！」

山東督軍張懷芝喜歡跟著曹錕的腳步走。他經常對人說：「曹三爺是俺大哥，他走一步，俺也走一步，他跑一步，俺也不會跑兩步。」一九一七年，張勳帶著辮子軍去逼黎元洪下臺，黎元洪找曹錕擁護自己，曹錕就發了一通電報，宣稱擁護，張懷芝看見了，也趕緊發，後來曹錕否認，張懷芝也跟著否認。豪言除了上廁所不跟，其他都跟。

張懷芝大字不識幾個，遇到什麼大事就抽籤決定。一次抽籤抽到了科長姚鵬，喊得嗓子都啞了，也沒見個人影，一怒之下，責令打二百軍棍。這個姚鵬是個老名士，覺得這樣太侮辱自己了，堅決不從。全省官員也都給他求情，可張懷芝卻說：「王子犯法與庶民同罪！」但又見姚鵬老淚縱橫，一把老骨頭，最後還是罵了一頓了事。

基督將軍和植樹將軍

北伐戰爭後期，馮玉祥的第二集團軍進駐河北。終於能夠歇一歇了，馮軍各級將

領炸了窩，紛紛趁著這大好時機跑到當地女子學校找老婆。平時在部隊裏連個母蚊子也見不著，所以一時當地的女學生大受照顧。望都縣一個女子學校的校長找到軍部抱怨說：「我這個校長幹不下去了，你們的軍官把我的學生都快娶光了。」

馮玉祥是個用功的人。小時候讀書很用功，當了士兵還是很下功夫，夜裏都不睡覺，老師沒有把「最佳用功獎」頒給他實在是沒天理。那時沒有手電筒，只能用油燈照明，夜裏，馮玉祥用功到別人睡覺的時候，總不能把油燈放被窩裏看書，於是找來一口大箱子，把頭鑽進去，借著燈光在箱子裏學習。

馮玉祥做了旅長，每天還堅持學習兩個小時的英語。他學英語的時候，把門一關，找個牌子掛門口，上面寫「馮玉祥死了」，什麼人都不讓進，等到什麼時候在裏面學得瞌睡了，出來打個哈欠，再把牌子一換，就活了過來。每天讀書也弄得死去活來的，這麼大了還這麼玩。

馮玉祥深刻地懂得「時間就是生命」這個道理，對於浪費自己的時間，謀害自己生命的人很不客氣。一九二七年，汪精衛開會老是遲到，曠課也是常有的事。老馮就看不慣了，寫了副對聯給他：「一桌子點心，半桌子水果，哪知民間疾苦；兩點開會，四點到齊，豈知革命精神？」當時汪精衛還是他的上級長官。

馮玉祥曾經大力提倡基督教，任西北邊防督辦的時候，對於外國基督教徒很是親密，有求必應。等到一九二五年「五卅慘案」發生，馮玉祥想請他們出來說句公道話，於是致電給各地基督教和外國牧師，電報是發出去了，卻沒有半個回覆，馮玉祥感慨這群藍眼睛的人真是一群白眼狼。

馮玉祥在去蘇聯之前一直都信奉基督教，跟基督教往來密切。平時老馮閒著沒事就給部下傳經佈道，很像回事。有時在前線督戰，如果有士兵頂不住了，馮玉祥便扯著嗓門喊道：「弟兄們，主會保佑你們的！主說後退就是下地獄，進攻就是上天堂！我們都想去天堂是不是！」於是西北軍無不前赴後繼，相當生猛。

二十世紀二〇年代，西方人眼裏的馮玉祥是個高大和藹的基督徒，又是一個威震一方的軍閥。當時，《紐約時報》的一位記者對馮玉祥說：「馮將軍，你長得真高大！」身高一米八三，虎背熊腰的馮玉祥答道：「是的。你要是砍下我的頭，頂在你的頭上，那麼，我倆就一樣高了。」這個記者聽完這話，嚇得好幾天睡不著覺。

馮玉祥敢說敢幹，老跟蔣介石作對，蔣介石很忌恨。蔣介石借「考察」的名義，把馮玉祥送到了美國，不讓他回來。可是馮玉祥一心想回國參加抗戰，但蔣介石跟美國通氣，不給馮玉祥提供任何交通工具。有一天，馮玉祥把全身貼滿了郵票，對郵局

說：「我買不到機票、船票，請你們把我寄回中國去吧！」

一九一五年，孫中山宣導全民植樹，馮玉祥謹遵總理教誨，大力植樹。老馮大力貫徹總理的政策，在自己的地盤內種樹不倦。有一次，他在徐州練兵，有空了就鼓勵大家植樹造林，還寫下一首詩：「老馮駐徐州，山上綠油油。誰砍我的樹，我砍誰的頭！」從此，人們又給他起了個新的外號：「植樹將軍」。

北京政變之前，馮玉祥在全國範圍內徵婚。來面試的美女不少，不過都是衝著錢和勢來的，讓馮玉祥很倒胃。有一天，一個又黑又醜的女士也來應徵，馮玉祥很好奇，女士對她說：「上帝怕你幹壞事，特意派我來管束你的。」馮玉祥大喜：「就你了！」於是二人就結婚了。這位女士就是著名婦女運動領袖李德全。

一九一七年，馮玉祥在武穴駐紮，通電主和。但是老長官、救命恩人兼叔岳父陸建章催促他去打倪嗣沖，馮將軍左右爲難。在集合隊伍宣布出兵那天，雨下得很大，馮將軍藉口檢查士兵，故意騎著馬在巡查兵營的時候摔下來，說自己腿不能動了。醫官檢查後，聲稱是骨折了。陸建章聽說後，大叫：「枉我待他不薄，跟老子耍這一套，忘恩負義！」

武穴罷兵後，馮玉祥回到北京，拄著雙拐，給自己起了個「馬二先生」的名號。

他去面見段祺瑞，聲稱要去上海養病休息。段總理回道：「你不要再給我裝了，現在我拿手槍追你，你比誰跑得都快，這次沒叫陸建章把你的頭砍掉，算便宜你了，以後少同陸建章見面，快滾回湘西去吧。」馮玉祥馬上拐棍一甩，健步如飛，即刻率部開駐常德。

馮玉祥當眾宣布全軍戒菸，誰不聽話，就罰他吃菸頭。有一次，馮玉祥懲罰一個吸菸士兵，士兵頂撞他說：「大帥，你也吸菸了！」原來馮玉祥與支鄰部隊長官會面時偶爾吸了幾口菸。馮玉祥從士兵手裏搶過菸頭，大聲說：「我馮玉祥上梁不正下梁歪，以後我也戒菸！」說著將菸頭塞進自己嘴裏。於是，西北軍就成了一支「無菸鐵師」。

第二次直奉戰爭，馮玉祥去曹錕那裏領軍械，卻被李彥青敲詐了十萬大洋。馮玉祥本來就窮，大家都知道的，這次又被狠狠勒索，老馮很是生氣。領到軍械後，馮玉祥召集官兵，說：「兔崽子們，他媽的李彥青敲詐咱們，把咱的血汗錢騙走了！你說我們該怎麼辦？」眾官兵齊聲喊道：「殺了他個混犢子！」於是北京政變，李彥青被喀嚓了。

一次，馮玉祥將軍給部下講話，語言生動貼切。馮玉祥說：「今天，我來開會，

碰見一隻豬，圍著老子的汽車哼哼叫個不停。豬對咱貢獻可不小，肉能吃，豬鬃還能出口，渾身上下都有好處。我們是人民的公僕，政府的要員，可是咱對人民有啥貢獻呢？」一時下邊的人無不愧疚萬分，情緒激動。

名士彭涵鋒見到了馮玉祥，對他一番端詳，有了深刻的認識。大家讓他形容，他說：「就拿三國裏面的人來打比方吧，馮玉祥這個人啊，長得跟劉備一樣帥，才能跟孫權差不多，志氣呢，比董卓還高，人呢，比呂布還要奸詐。」眾人問：「那他有什麼缺點呢？」彭涵鋒說：「可惜啊，可惜，他運氣跟袁紹一樣差！」

一九二六年九月，馮玉祥從蘇聯回國，宋哲元前去迎接。兩人一番寒暄，就切入了正題。馮玉祥問老宋：「你手下還有多少兵馬？」宋哲元豎起五根手指頭說：「稟大帥，還有一巴掌之多！」馮玉祥高興地蹦起來：「甚好，甚好，我們就用這五十萬人打天下，你以爲如何？」宋哲元很無語，小聲說：「大帥，是五百個人……」

馮玉祥爲了表示自己愛護「子民」，喜歡親自給自己的士兵操刀理髮。有一次，《大公報》發行人胡政之來拜訪馮玉祥，馮大帥拿出一張給士兵理髮的照片給他看，等了半天，胡政之連個屁都沒放。老胡回去對人說：「老馮真能裝，給士兵剃頭還要拍個照出來給我這個記者顯擺！」馮玉祥知道了，氣得頭髮都冒煙了。

馮玉祥長得很魁梧，膀闊腰圓，一米八多的個子，一九二八年七月二日，馮玉祥被美國的《時代》週刊選爲封面人物。說他：「他站起來足有六英尺高。他不是纖弱的黃種人，而是個頭魁梧、皮膚古銅色、很和藹，《聖經》拿在手上或者放在口袋裏的虔誠的基督徒，神槍手，世界上最大的私人軍隊的主人。」他就是中國的最強者：馮玉祥元帥。

馮玉祥被閻錫山軟禁在山西五台縣河西村，準備吃晚飯的時候，徐鑄來訪。徐鑄是《大公報》的記者，他向老馮打探消息：「最近前方戰況怎麼樣啊？」馮玉祥用筷子指著火鍋，譏笑說：「你看，他們如果打了勝仗，裏面就有肉，否則就是白菜粉條，今天裏面有肉，還有條海參！說明今天打了大勝仗！」

馮玉祥和蔣介石曾經是拜過把子的兄弟，在鄭州時兩人義結金蘭。馮玉祥給蔣介石的帖子是：「結盟真義，是爲主義；碎屍萬段，在所不計。」蔣介石在給馮玉祥的帖子上則說：「安危共仗，甘苦共嘗，海枯石爛，死生不渝。」然而還沒兩年，二人就兵戎相見，真刀真槍地拼起命來。

一九三〇年五月，蔣介石和馮閻聯軍展開「中原大戰」。之所以會發生這一場大混戰，是因爲北伐後，汪精衛失了勢，覺得自己受了委屈，咽不下這口氣，慫恿反共

右傾西山會議派和親國民黨軍人閻錫山、馮玉祥、李宗仁、張發奎跟蔣介石中央政府及國民黨中央會議來一比高低、一決雌雄、一較高下，說白了就是幹一架。

一九三〇年中原大戰，中央軍出動了空軍助陣。西北軍第四路軍看見飛機一會兒一個炸彈，很是驚慌。馮玉祥爲了安定軍心，發表講話：「天上烏鴉多還是飛機多？」眾人說：「烏鴉多！」馮玉祥問：「烏鴉拉屎有掉到你們頭上沒？」眾人答：「沒！」馮玉祥：「那飛機扔炸彈跟烏鴉拉屎是一樣的！」眾人聽信了他的話，第二天被炸得慘不忍睹。

一九三〇年中原大戰，閻錫山和馮玉祥準備各派出一支精銳部隊，在河南省的沁陽縣會師，集中兵力，手拉著手，一舉聚殲駐在河南省的蔣介石軍隊。馮玉祥該死的軍師沒學過地理，把沁陽寫成了泌陽，一撇葬送了一場戰爭，使閻錫山和馮玉祥的聯軍陷於被動，導致聯合作戰計畫失敗。這位參謀也因這一撇斷送性命，所以說錯別字應杜絕。

馮玉祥提倡節儉，很是痛恨貪污。他有個叫宋良仲的副官長，有房有車還有個做名妓的小妾，馮玉祥全當沒看見。有一天，宋良仲的名妓老婆打了一天一夜的麻將，被馮玉祥老婆知道了，就去告狀。馮玉祥不得不做個樣子，把宋良仲暴打幾十大板。

沒停幾天，馮玉祥給宋升了官，於是西北軍中打麻將的越來越多。

馮玉祥練兵喜歡跟士兵互動。有一次，馮將軍又開始給士兵訓話，講了一大段後，問道：「同志們，你們都聽懂我說的沒有？」士兵們高聲大喊：「聽懂了！」馮玉祥又問：「我講得好不好？」士兵們答：「太好了！」馮玉祥很滿意，指著喊得最賣力的那個士兵問：「我講的是什麼？」士兵低下頭說：「報告總司令，我忘了！」

馮玉祥一生擁護孫中山，堅持「三民主義」。一天，馮玉祥跟部下大講「三民主義」，唾沫星子亂飛講了一大堆，完了帶領大家一起喊：「我們是有主義的軍隊！」喊了一陣看差不多了，就問一個士兵問：「我們有的是什麼主義？」士兵在馮講話的時候沒有認真聽講，現在喊到他，他立正站好，高聲喊道：「報告總司令，是帝國主義。」

馮玉祥管理部下的手段很特殊。韓復榘、孫良城等上將，對於馮玉祥超級嚴厲的手段也深有體會。只要是惹了老馮不高興，不管旁邊有沒有人，不是面壁思過就是一陣棒打。如果離你遠的話，也有辦法，馮玉祥會問你：「跪下了沒有？」等到那邊回答：「跪下了。」才能放過。這樣的處罰，馮玉祥的部下都感到很丟人。

馮玉祥帶兵，雖然待遇不怎樣，還老是拖欠工資，但紀律很好。他手下的兵文化

水準都不低，幾乎沒有文盲，最差都是小學學歷。原來馮玉祥每招一個兵，就要教他學兩百個以上的字，告訴他一系列理論，當兵幹什麼啊，當兵爲什麼啊，總之打起仗來了，馮玉祥的兵多爲理想而戰。

馮玉祥在湖南時，老百姓抵制日貨，馮玉祥很是支持。日本領事聽說抵制日貨，就派人見到了馮玉祥，說中國不把日本僑民的生命財產當回事。馮玉祥拍著胸脯說：「麻煩您轉告領事，我會當作一回事兒的！」於是馮玉祥在每個賣日本貨的商店門口，派人廿四小時持槍「站崗」，於是沒人敢去買東西了。

一九四七年，馮玉祥在美國考察，會場上的菸鬼很多，把他熏得頭暈目眩。於是氣憤的他作了一首詩：「大會禮堂，又熏又臭，又臭又熏。既熏且臭，既臭且熏，熏而又臭，臭而又熏。熏熏臭臭，臭臭熏熏。亦熏亦臭，亦臭亦熏。」美國一個禁菸協會把詩譯成了英文，登到了《紐約時報》上，並印成了傳單散發。

Q 「韓青天」韓復榘

中原大戰後，馮玉祥避居泰山，投靠了蔣介石的韓復榘經常去看望老上司。有一次，韓復榘又去山上探望馮玉祥，剛走到門口，就聽見馮玉祥在屋裏痛罵韓復榘忘恩負義，韓復榘知道現在進去了也是被罵出來，於是接過哨兵的槍在門口默默地站崗。一會兒馮玉祥罵痛快了，才說：「韓復榘進來！」韓復榘才敢進去，兩人有說有笑一如從前。

韓復榘投蔣後，在個人感情上，與馮玉祥仍然情同父子。中原大戰後，韓復榘每月還給老長官五千塊大洋，五百袋麵粉。一九三五年，馮玉祥到南京任副委員長，住在蔣介石的別墅裏，過了幾天，韓復榘派人來接他，說：「韓主席說了，這裏是人家的房子，在南京給你修好了公館，那是咱自己的房子，接您去住！」

韓復榘去實驗劇院看戲，發現幾個穿涼鞋短袖的年輕女子坐在觀眾席上，就叫來劇場負責人，生氣地說：「你怎麼隨便讓妓女進來看戲？」負責人說：「那幾個是學校的學生，不是妓女，她們穿的是校服。」韓主席一聽更火了：「女學生怎麼可以如此不知羞恥？」回去後，韓省長就下令把這些「不雅」校服給取締了。

韓省長在大街上看到兩個穿短袖的女學生在晃悠。學生也不認識韓省長，於是雙方就吵了起來。韓復榘讓衛兵把兩個女生抓到警察局去。衛兵當時正在看著那兩位女生的身材流口水，以爲是老大想把她們抓回去做老婆，就把她們往小車裏塞。韓省長

一看，對著衛兵又是一頓踢，說：「我是那種人嗎？」衛兵想說：「有點像。」可是沒敢說出來。

韓復榘深刻地明白了槍桿子裏出政權的道理。韓復榘在抗日初期爲了保存自己的實力，帶著頭逃跑了。結果日軍一路長驅直入，順著京埔路殺了過來。韓復榘說：「哎，如今這世道我算是看透了，有槍就是爺，像咱這軍隊，沒槍只有光著腳丫子拼命地跑，扒光了衣服，還不如一群要飯的。」

韓復榘主政山東，被山東人戲稱爲「韓青天」。啥事都要管，而且審案全是胡來。審案時，他讓犯人站在堂口，給犯人相面，觀氣色，看完後，如果他用右手向下一劃，再把手向右邊一伸擺，執法隊士兵就把這個犯人拉到右邊站著，一會兒拉走槍斃；如果他右手向上一劃，再把手向左邊伸擺，就拉到左邊站著，無罪釋放。

有一次，「韓青天」正在「審案」，一個小孩一時好奇，就站到大堂一邊看，執法隊竟把他也推上了車。小孩大喊：「我是送信的！」韓聽見後很不解，執法兵說：「報告主席，他說他是送信的。」韓回答說：「送信的也該槍斃！」於是這個小孩就被稀裏糊塗地槍斃了。

韓復榘對於洋鬼子特別憤恨。韓復榘做山東省主席，濟南有個英國人造的影院，稅務員怎麼催都不交稅。韓復榘聽到了，很是生氣，就讓公安局派了好幾個員警站到那個影院的門口，不讓中國人進去看。停了幾天，那個英國老闆過不下去了，主動來請求交稅。韓復榘指著他那金黃的腦袋說：「交什麼交，有本事別給老子交啊！」

不好當的總統

北洋軍閥中，馮國璋和段祺瑞兩人是微妙的上下鋪關係。北洋三傑中，除了知道進退的王士珍被稱爲「龍」，剩下的「虎」和「狗」兩兄弟就是指段祺瑞和馮國璋了。與段祺瑞的強硬槓子頭不同，馮國璋之所以被稱爲「狗」，是因爲他很能打仗而且對袁世凱忠誠。但老馮一生命苦，比苦瓜還要苦。

馮國璋是個小氣鬼。以前窮的時候，馮國璋就天天厚著臉皮去朋友家蹭飯，風雨無阻。馮國璋喜歡吃醬肉，又害怕僕人偷吃，買的時候就讓切成四方塊。如果是要待客的話，就把肉切得很薄，跟紙差不多厚。切的時候刀上帶了點，也舔個乾淨。兒童都唱：「馮國璋，小氣鬼，吃個肉，切住嘴。」

馮國璋炒了溥儀的魷魚，感覺有點欺負了人家小孩子，就去求畫。溥儀也大方，

揮筆潑墨畫了一幅。馮國璋拿回來一看傻了眼：上面畫了一匹馬長了兩個角。暗示老馮。這還不算，還題款說這是自己家的小毛驢。從此，馮國璋就覺得炒了他的魷魚算是炒對了，真不行再給他紅燒了也行。

一九一五年，袁世凱登基，革命黨人陳其美和小弟蔣志清設下圈套，暗殺了鎮守上海的鄭汝成，本來這事跟馮國璋沒關係，你革命黨人暗殺就暗殺，又不關我的事。可是不關你的事也要弄成你的事，革命黨人就向報社投稿，說親眼看見是馮國璋幹的。馮國璋氣得臉都綠了：「你們哪隻眼睛看到老子殺的！」

袁世凱死後，馮國璋被任命爲副總統。新官上任三把火，馮國璋沒有把火用在工作上，反而把督軍府改爲副總統府的改建專案當成了頭等大事來辦。裏面裝潢得相當豪華，金碧輝煌，馮國璋很是滿意，經常時不時向人炫耀，請別人到家裏做客。

第二年，副總統府因電線漏電起火，燒成了灰，馮國璋從此臉色跟茄子差不多。

一九一七年七月，馮國璋對於當總統的事很猶豫。段祺瑞派親信靳雲鵬來遊說「總統進京」：「北方的局勢如同一個大香爐，香爐三條腿，大總統您是一條，其他兩條是總理和徐世昌，有這樣的三條腿，您害怕站不穩嗎？我保證，這次四哥您到了北京，能做一輩子的總統。」經這麼一忽悠，馮國璋精神上繳械投降，去了北京。

馮國璋當了總統，日子並也不好過。似乎馮國璋的人生就是用「鬱悶」兩個字寫出來的。那時政府經濟拮据，總統門前排起了隊，可惜他們不是交錢的，而是來要錢花的。馮國璋作爲總統又不能不給，只得把中南海的魚撈了上來，一人發幾條，算是一年的工資福利加年終獎。真是窘迫。

馮國璋當了總統，剛剛被批准上班的塞北關監督林攝來拜謝。馮國璋問：「你哪的？」林說：「北京本地的。」馮又問：「有啥事？」林答：「剛上任，來謝謝長官您的提拔。」馮又問：「誰簽的字？」林說：「總統您。」馮國璋撓撓頭，鬱悶了：「有這回事兒？」林攝也鬱悶了：「都好幾天了！」

馮國璋做了總統，段祺瑞是總理。這一年，中國加入了協約國，宣布對同盟國作戰，卻連一個小兵蛋子也沒有派過去。而國內也發生了湖南在直系搗鼓下鬧自治。段總理下令討伐湖南叛逆，把討伐令送到總統府，馮大總統就是不蓋章。仗打了起來，政府軍也沒博得個合法名義。於是就有了對外「宣而不戰」，對內「戰而不宣」的事情。

馮國璋一生當了好多次冤大頭，如果出一本書的話，估計也得有五百萬字。於文於武都有兩下子的馮國璋，卻總是比不過段祺瑞。每次都被段祺瑞按著頭在討伐南方

的命令上蓋上總統的大章，窩囊得不行。後來乾脆歸隱山林，臨老了還在爲老部下被拖欠工資奔波，路上得了重感冒，在一九一九年六十歲時掛掉了。

Q 賄選總統曹錕

馮國璋死後，曹錕做了直系的新掌門，手下也有吳佩孚和長江三督這樣的得力幹將，控制著江西、直隸等四省，東北三省的張作霖也成爲皖直兩系外的一個巨頭。曹錕覺得師傅馮國璋的仇不能不報，利益上也有衝突，有必要來打一架。於是聯合張作霖和其他幾夥大土匪準備找段祺瑞掰掰手腕，發動混戰。

曹錕在發跡前，是保定府一個賣布的，而且賣布也不專心，可賣可不賣，只要有人找他幫忙，撂下攤子就跟人走，人送外號「曹三傻子」。不過傻子也臉皮厚，只要看見他幫過忙的人在吃飯，就先蹭了再說，走到跟前一屁股坐下就吃，連聲招呼也免了。

曹錕投靠了正在小站練兵的袁世凱。軍營裏看這個人老實，又傻乎乎的，長官叫幹啥就幹啥，價錢都不帶講的。憑著這股傻勁，曹錕越混越好，不是有本事，而是胖乎乎的又傻又憨厚，像個吉祥物，後來他就被袁世凱看中，每每打仗衝鋒可以放在陣中壓陣，作爲「福將」，屢試不爽，竟然越混越好了。

曹錕喜歡聽戲，常邀戲劇界的大明星來演出。有一次，時任直隸省長的曹錕想邀請梅蘭芳來演出，梅蘭芳答應了，曹錕很高興。爲了表示對偶像的尊重，老曹親自備了幾輛馬車弄個大排場來迎接。結果，梅蘭芳竟是乘汽車來的，老曹臉上掛不住了，看戲也覺得沒滋味，等梅蘭芳一走，就忍痛花高價買了幾輛汽車，終於心情一片大好。

曹錕兄弟好幾個，在曹錕的幾個兄弟中，曹錕和四弟曹銳感情最深厚。曹錕把自己的財政大權交給曹銳管理，曹銳也把自己僅有的兒子過繼給了曹錕。後來奉系和曹錕開戰，張作霖和曹錕是親家，張學良偷偷跑到了天津，見到了曹銳，說：「四大爺，我現在正跟三大爺在打仗，外面很亂，社會不太平，您別出去。」曹銳哭笑不得。

曹錕和吳佩孚雖然是上下級的關係，但卻親如父子。第一次直奉戰爭，曹錕不想和親家張作霖作戰，而吳佩孚則堅決主戰。雖然曹銳等人一直勸阻，但曹錕還是決定聽從吳佩孚的話。曹錕說：「你就是我，我也是你，親家雖然親，但卻沒有你親啊！

你說怎麼辦，就怎麼辦吧。」連歷史上的劉備和諸葛亮也不過這樣親啊。

曹錕沒什麼本事，但是用人不疑。一九一三年，曹錕帶著北洋軍去湖南，見到了湖南督軍湯薌銘。湯薌銘發現曹錕手下有一個叫做吳佩孚的低級軍官是個人才，就跟曹錕借人。曹錕不認識吳佩孚，但是他覺得湯薌銘眼光還是不錯的，就提拔了吳佩孚做旅長。後來憑藉吳佩孚稱霸軍閥後，曹錕經常對別人說：「吳佩孚是我最大的本錢啊。」

曹錕這個人心地仁厚，從賄選這件事上就可以看出來。曹錕爲了當上總統，給四百八十個議員行賄，每個人按人物地位和作用的不同，給予了兩千元到一萬元的大禮包。他沒有拿槍逼著議員選他，也沒有強迫別人收錢，對於那些收了錢沒有投自己票的也沒有報復，充分地體現了老曹這個人跟一些當官的比起來，其實不算是最壞的。

直奉戰爭中，吳佩孚讓部下董政國廿四小時內拿下長辛店，不然提著頭來見。結果不到半天時間，通訊員回來說：「董旅長已經過去了。」曹錕吃了一驚，以爲老董掛了，悲哀地看著吳佩孚，正要商量由誰來繼任旅長，通訊員又說了句：「讓您們也一起過去！」曹錕才知道打了勝仗，蹦了起來：「子玉，我們也過去！」

曹錕雖然沒什麼本事，但他脾氣很大。他做第三鎮統制時，有人打報告，說一個軍械官貪污公款。曹錕很生氣，立馬將那人五花大綁，賞了一頓板子。後來一查，冤枉人家了，於是又給人家升了管帶，並安慰說：「我打你屁股，不是故意的，現在你屁股好點了沒？俗話說『越打越發』，瞧，這不就升了你的官了嗎！」

馮玉祥任陸軍巡閱使時，有一次去見曹錕，氣沖沖地說：「初一那天，總統府的人把士兵給打了，總統不知道嗎？如果您不處理，那就是護短；如果總統您不知道，那就是被人蒙蔽了。」曹錕說：「小子，總統衛隊把士兵打了，你們身爲長官，爲什麼不追查清楚，懲辦肇事者，我是總統，難道這樣的事情也要我來處理嗎？」馮玉祥沉默。

一九二三年，曹錕靠賄選做了總統，選他的議員被稱爲「豬仔議員」。吳稚暉在北京演講，說道：「要是人的精子都能懷孕成小孩就好了，那樣曹錕跟他老婆上床，就能生四萬萬個小豬娃，每個投他老子一票，連花錢買議員都省了！」吳大仙人天馬行空的演講，給曹錕博得了又一個雅號：「精蟲總統」。

王士珍曾說，如果想害一個人，就讓他當總統。曹錕上臺，當時內外交困，曹錕的日子也不好過，好不容易賄選當了個總統，卻不能威風一把。一天，曹錕心裏

鬱悶，對手下人大發牢騷：「你們一定要把我捧上臺來，叫我來活受罪！」手下的人不敢當面說他，只好私下裏偷偷地說：「是他自己自作自受，拼了老命要來活受罪的！」

曹錕任總統時，他的親信吳毓麟希望任命黃榮良為駐倫敦公使，外長顧維鈞說正在考慮，吳認為這是拒絕，請曹錕出面干涉，曹錕嚴厲地對吳毓麟說：「老弟，你懂什麼叫做外交嗎？因為我們不懂外交，才請顧先生來作外交總長。顧先生對外交有經驗，你們憑什麼干預？」顧維鈞在回憶錄裏寫道：「曹錕雖然從來沒上過學，但卻是個天生的領袖。」

曹錕一生與狗有緣。他出生的時候，是個大雪紛飛的冬天，他祖母看著呱呱落地的娃子，不禁長嘆道：「唉，這窮惡的大冷天，家裏這麼窮，也只能當狗養了。」那年，也是狗年。後來曹錕一路扶搖直上，竟然有一天賄選做了總統，他也不忌諱別人叫他「曹狗」，他還樂呵呵地說：「我祖母說過，狗富貓貧啊！」

一九二三年五月，康有為路過保定，曹錕設宴款待。席間談起了此時正在保定推行白話文課程的王森然，康生氣地對曹說：「這個搞白話文的桐城派叛徒，真是敗類。」曹錕說：「不如老弟我以防『赤化』為名，把他給抓起來，賞他一頓板子？」

康有為說：「如此甚好！」於是曹錕派人去把王森然綁過來，不料讓王森然給跑了。

李彥青雖然只是相當於曹錕的一個搓澡師傅，但對於老曹家的事他非常上心，管得很寬，順帶兼顧看門的職責。有一次，時任內閣總理的孫慕韓來找曹錕談正事，李彥青竟然警告孫慕韓說：「小子，你見三爺可以，最近三爺心情不好，你最好別跟他老談政治！」孫慕韓生氣了：「老子談什麼干你屁事！」

第一位登上美國時代雜誌的華人

吳佩孚做了營長後，帶二十名士兵組成的手槍隊浩浩蕩蕩去長春領餉，剛下火車站，便遇到了趕自己出家鄉的仇人「翁欽生」，對方嚇得掉頭就跑，結果吳佩孚追著「欽生，欽生」直叫，並讓衛兵把他連架帶請弄到了營地，當時翁欽生嚇壞了。誰知道吳佩孚不但沒有揍他，還請他吃飯後送他回火車站。翁欽生回鄉見人就說：「吳佩孚做了大官，還不念舊惡。」

吳佩孚剛進兵營當傳令兵時，郭緒棟還是文案師爺，也算是吳的上司了。有一天，吳佩孚送一件公文，說：「這個典故用錯了。」郭緒棟疑惑地問：「你說我錯在

哪裡？」吳佩孚引經據典，郭緒棟暗叫一聲「慚愧」，他好奇地問：「你念過書？考過科舉？」吳佩孚實話實說。郭緒棟又在心裏叫了聲「慚愧」。於是舉薦了吳佩孚。

第一次直奉戰爭後，曹錕迫切想當總統，吳佩孚苦勸無果，回到洛陽養精蓄銳。吳佩孚虎踞洛陽，在其最鼎盛時期，有數十萬軍隊，控制著直隸、陝西、山東、河南、湖北等省地盤，已成爲北方實力最大的軍閥，洛陽實際上成爲了北方的政治、軍事中心。按曹錕所言：「只要洛陽打個噴嚏，北京天津都要下雨。」

吳佩孚喜歡算卦，閒著沒事就喜歡卜一卦。有一天，他卜卦算出「有不速之客三人至」，就讓廚房把三個人的午飯也給準備好了。可是眼看飯都涼了，只來了兩個人。副官爲了不讓吳半仙出洋相，就又找了個人，前來「拜訪」，湊夠了三個人，這才開飯。吳大帥可不知道還有這麼一回事，更相信自己的卦術越來越神了。

吳佩孚是個秀才，但這個秀才很能打。段祺瑞玩弄政治，直系前掌門馮國璋剛退出江湖，年紀輕輕的吳佩孚便橫空出世，率軍挑了桂軍主力，一路殺到了長沙，被公認爲常勝將軍，知名度遠遠超過了「長江三督」，是直系的當家花旦，頭牌猛將。《時代》雜誌的封面曾經刊登過吳佩孚，說他是當時「中國最強者」。

吳佩孚和曹錕到了天津，和張作霖談事。談論間，吳佩孚也經常發表一下自己的見解。張作霖挖苦他：「我同三哥（曹錕）有事相商，一個小師長跟著摻和個鳥！」吳佩孚很傷自尊，轉身就走。沒過幾年，張作霖入主中南海，與吳佩孚成了合作夥伴。張作霖去迎接吳佩孚，親暱地喊：「大哥，您就原諒小弟吧！」

吳佩孚是個秀才，這就與其他綠林出身的兵痞子們有很大區別，優越感十足。一有空，吳大帥就把李炳之和齊燮元找來吟上幾句詩詞。爲了顯示自己軍隊的整體素質，有一次，陣地休息，吳佩孚對大家說：「英雄者，乃須文武出眾。若文不能武則非英也，武不能文則非雄也。」讓大家作詩，可惜參謀等也都是草包，連一百個字都搞不出來。

吳佩孚還是個軍事奇才，所以不免有些恃才傲物。有一次，吳佩孚到北京，張學良親自去前門車站迎接。吳佩孚一見到張學良就親切地問：「小六子，你家老匹夫近來可好？」張學良忍著要暴走的怒火，攥著拳頭說：「還好，還好！」等到了開飯的時候，吳佩孚又來了，說：「只要我吳佩孚一出馬，無論天下多難之事，必然馬到成功！」

吳佩孚極力反對女學，說那是洋鬼子搞的糟玩意。有一次，孫丹林說：「吳大帥，其實女子上學不是洋鬼子搞的，而是咱中國古代就有的。《詩經》有云：『言

告師氏，言告言歸』，這個『師氏』就是指先生。還有佛曰……」吳佩孚臉面掛不住了，一拍桌子說：「那都是胡寫的！不足爲證！」孫丹林很無語。

吳佩孚雖然也是個軍閥，但他跟其他軍閥很不一樣。他很崇拜關羽和岳飛，也從來不住租界。他做了幾十年的官爺沒有貪污點啥。日軍侵華，大漢奸江朝宗出面組織「治安維持會」，想請吳佩孚出山擔此「大任」。江朝宗還沒說完，吳佩孚就把桌子拍得震天響，大罵：「你個老而不死的東西！」嚇得江朝宗抱頭鼠竄，趕緊跑了。

吳佩孚失勢後，住在北京東城什景花園，經常有名流登門造訪。吳佩孚都熱情招待，並說：「中國人，歡迎！日本人與狗，滾蛋！」有一次，一個日本人喬裝成中國人到吳佩孚家吃喝一頓，後來吳佩孚知道了，罵道：「現在的日本人實在越來越可恨，竟然狗披羊皮，也怪我老了，竟然沒有看出來，哎！」

孔祥熙做財政部長時，曾經出五千塊大洋請吳佩孚作畫，吳佩孚婉言拒絕了。後來，有個青年後生向吳佩孚求一對聯，吳佩孚出人意外地拿起筆，寫道：「回首可憐歌舞地，如今不似洛陽時。」老吳半生征戰沙場，曾經風光無限，被譽爲「中國最強者」，到了一把老骨頭的年紀，卻如此蕭條，這一聯讀下來，不禁讓人感慨萬千。

吳佩孚兵敗後，在北京待過一段時間。日本的大迫通貞請其出山擔負「興亞」大任。吳佩孚裝傻道：「眼前大事，玄黃未判，不可不可。」弄得翻譯和大迫通貞都傻了眼。吳佩孚又說：「只需本人掐訣念咒，向空中拋出一團團麻線，你們日本人的飛機就被纏繞下來！你們開槍也傷不了我。」大迫通貞搖著頭走了。

一九二一年四月廿一日，來自德國的露娜小姐見到了吳佩孚，從此對他一見傾心，愛上了這個帥小夥，一個勁地眨眼示愛，無奈吳佩孚是個石頭人，一點也不領情。回國之後，露娜小姐又寫了「最後通牒」，經翻譯如下：「吳大帥，我愛你，你愛我嗎？」吳佩孚看後，差點笑抽了，寫了個「老婆尚在」寄了回去。

生活中身居要職的吳佩孚粗茶淡飯，生活要求不高，而且不貪圖錢財，能書能畫，很有儒將風範。他還有一個很重要的優點，他一生衣服不穿太奢侈的，也從來不穿西裝，不講究品牌。但是如果是外國貨，一律不穿，很支持國貨。這一點，給那些一味追求洋牌子的國人們樹立了一個榜樣。

第一次直奉戰爭，吳佩孚給將士們鼓勁，他說：「兄弟們，這次是共和和帝制之間最後的戰爭，勝利了回家種地抱孩子，如果失敗了，老子以死謝天下！」吳佩孚讓部下董政國一天之內必須把長辛店給打下來，董政國對部下說：「你們要長辛店還是要我的頭？」部下說：「要長辛店！（**要頭有啥用！**）」幾個小時就把長辛店打了下

來。

吳佩孚很迷信。他自稱是戰國名將吳起的後代，認爲老子天下第一。他要求大將上知天文下知地理，最好還會算卦。每當打仗前，他就派人早上六點的時候看雲彩。如果雲是左邊過來的，那敵人就是左右夾擊，如果從後面來，就是敵人要抄後路。

一天，河南大旱，馮玉祥來向吳佩孚求雨。吳大帥拿六枚銅錢煞有其事地拋了幾下，說明天有雨，大旱可除。馮玉祥又問：「幾點？」吳大仙說：「下午兩點多。」馮玉祥就屁顛屁顛地跑回去了。第二天三點，馮又來了，問大帥怎麼還沒下雨。吳佩孚淡定地說：「誰講的，正下呢。」馮問：「哪？」吳半仙答：「莫斯科。」馮玉祥差點吐血。

吳佩孚發達了，老同學王兆中前來投奔。念在同學關係，吳佩孚給了他一個上校副官當，王兆中不滿足，說自己好歹也文武雙全，要求給個河南的縣長當當。吳佩孚沒有同意，這個王呆頭鵝又說，那給個旅長當當也行，將來用一個旅踏平全中國，老了好回家種樹爲樂。吳佩孚這次同意了：「那你先回去種樹再說吧。」

直皖戰爭中，段祺瑞派吳光新去佔領河南。河南都督趙倜決定誓死反抗。此時，吳佩孚發電報表示支持：「懇我總統、總理勿爲安福所利用，立飭吳光新軍隊仍回原防，並宣示決不輕易趙督，以弭戰禍。」趙倜很感動，稱「昨夜吳師長電，傳誦欲涕」。吳佩孚收到後說：「趙倜自作多情，我是怕老段的嫡系占了河南後，我北歸的路就沒了。」

吳佩孚是個秀才，所以有「儒將」的稱號。後來他失勢後避居四川，每天讀書賦詩，也很窮酸，還給自己做了副輓聯：「得意時清白乃心，不納妾，不積金錢，飲酒賦詩，猶是書生本色；失敗後倔強到底，不出洋，不走租界，灌園抱甕，真個解甲歸田。」有人勸他出山，他說：「我只是一個老酸秀才，不堪大用啊，不堪大用。」

一九二一年，英國將軍吉慶納到了洛陽，去拜訪吳佩孚。吉慶納說：「現在打仗都得有飛機啊！」老吳說：「何以見得？」吉慶納說：「多了用處就大了。」老吳說：「我們中國人發明了它幾千年，也沒見得打仗的時候有多大用處。」吉慶納很吃驚：「飛機是貴國發明的？」吳佩孚說：「當然了，不過我們不叫它飛機，而叫它飛鳶罷了。」

一九二二年，吳佩孚五十大壽，廣發英雄帖，邀請軍政要人。過生日那天，大家都送金銀珠寶、古玩玉器什麼的，在河南督軍的馮玉祥卻只送了兩缸清水，並附信寫道：「君子之交淡如水。煥章雖不敢以君子自比，然足下實君子也，言清行清，潔

如清水，故煥章不敢不以清水待也。」吳佩孚雖然很不爽，但這一招實在太狠，只好「笑納」了。

吳佩孚想去北上討伐張作霖，無奈票子不夠。於是他把平時那些想來攀附的失業了的軍政大員邀請來，說要給他們分配工作，那些人當然是屁顛屁顛地跑過來，想再撈一把。不料吳佩孚開門見山地說：「來得好不如來得巧，正巧我軍費不夠，一個人給我借一百萬好了，報效祖國嘛。」大家才知道被忽悠了，只得認捐。

胡景翼是吳佩孚的部將。雖然胡景翼長得不高，但卻吃得很胖。臉長成了葫蘆不說，上個汽車還得弄個敞篷的，先把一半肚子搞過去，再讓人踹幾把才能上車。而且吃得很多，一頓飯下去三天的軍糧就沒了，這樣下去還不把老吳給吃垮了。可是老吳卻不怕，吳佩孚說：「這要是打起仗來，三天不給他吃飯，也能撐住啊！」胡景翼聽後想跳樓。

民國軍閥都喜歡做「雙槍將」：一手拿槍，另一手拿著煙槍。吳佩孚進攻信陽，守信陽的是蔣士傑帶領的「雙槍將部隊」，在戰壕裏一邊吞雲吐霧，一邊開槍射擊，但就是這樣的部隊，竟然堅守了信陽四十多天。後來蔣士傑被押送到吳佩孚面前，大家以為他肯定要掛了，不料吳佩孚設宴款待，誇讚他了不起。

吳佩孚兵敗失勢後，跑到了四川避居。有一天，一個日艦司令荒城二郎來拜訪，希望吳佩孚能夠出山，願意給吳佩孚提供一百萬的貸款和十萬的槍枝。吳佩孚下了逐客令，說：

「想當年我槍枝可不止十萬，軍費何止有百萬，但還是敗了。若是我想依靠你們早就依靠了，君子有什麼事能做，有什麼事不能做，我還是很清楚的！」

吳佩孚到四川後，找了個地方過上了避居的生活。他經常向別人訴苦，說自己一沒殺過愛國青年，二沒殺過革命黨人，為什麼國人就是不能原諒自己呢？那個人對吳佩孚說：「主要是當年你跟一個挑糞的一樣，一頭挑著曹錕，一頭挑著部下，臭氣熏天。現在你到了四川，四川人對你還是好的，要不早把你攆出去了！」

吳佩孚失勢後，這位昔日「中國最強者」身邊只剩下自願追隨的衛隊，四處流寓。他到甘肅天水一帶的時候，老百姓很是歡迎他，很多人都來拜訪他，但是吳佩孚只談論其他的，不談論政治。曾經有人問他：「聽說蔣委員長要請大帥到南京去，大帥為什麼不去？」吳佩孚說：「鳥獸不可同群啊！」說完就陷入了沉默。

齊盧之戰

一九二〇年，江蘇督軍李純突然死掉後，大家對繼任督軍齊燮元很懷疑。督軍署秘書長就覺得李純是被老齊幹掉的，給禽獸打工還不如回家種田，決定回家不幹了。齊燮元臉面掛不住了，賭咒說：「如果我是殺害李純的禽獸，我就在南京被槍子打死！」抗戰勝利後，齊燮元就在南京雨花臺吃了槍子，如願成了禽獸。

一九二四年，齊燮元與浙江盧永祥爲了爭奪上海，展開了「齊盧之戰」。兩軍打仗的月把時間，都是窩在戰壕裏不出來。每天天快亮的時候，一方先打一排炮，然後對方還擊，搞到十點左右，兩邊停打，開始生火做飯，洗衣服，再吃飯。下午天快黑時再搞一次「炮戰」，吃完飯，都洗洗睡了。人們戲稱爲演習式的戰爭。

笑虎將軍孫傳芳

一九二六年，軍閥孫傳芳過生日，在自己府裏面大擺壽宴。有個小官爲了趁著這千載難逢的機會獻一把殷勤，花了九牛二虎之力，親自畫了一幅《江天春永圖》，又特意去包裝了一番，裱成精美的高檔手卷送了過去。孫傳芳看後很是讚賞：「你這兔崽子人長得不怎樣，這畫的《清明上河圖》倒是賊漂亮！」小官臉色跟豬肝差不多。

一九二六年十一月，國民革命軍北伐，氣勢洶洶。孫傳芳曾經在一年多以前和馮玉祥一起征討張作霖，但現在不得不和奉軍聯合。於是孫傳芳秘密前往天津，跟張作霖負荊請罪，共同對敵。孫傳芳見了張作霖後，先行一禮，說聲：「對不起大帥。」張作霖表示：「過去的事不要提了。」於是兩人就成了戰友。

孫傳芳準備搞一個「神機兵團」，請一些所謂的「義和團拳師後人」教士兵們吃符練氣，以達到刀槍不入的終極境界。有一個自稱很厲害的術士，子彈都打不死他，孫傳芳趕快高薪聘請。開始弄了個貼符的公雞試驗，孫傳芳打了幾十槍，都沒打中大公雞。士兵說：「大帥，咱整個正宗的，把術士搞上去！」結果孫傳芳一槍下去，術士死了。

國畫大師劉海粟做了上海美術專科學校校長，率先使用模特兒作畫。孫傳芳聽到了，讓來人解釋一下什麼叫做模特兒。那人氣憤地說：「模特兒就是讓大姑娘光了屁股，任人看來看去，毒害青年！」孫傳芳說：「奶奶的，這不是讓外國人壞了咱中國

人的習俗嗎？去把劉海粟給我抓來！老子要打他的屁股！」

孫傳芳被國民軍打得大敗，到北京去見到了張作霖。張作霖說：「你這仗怎麼打的？」孫傳芳說：「主要是張宗昌這小子倒戈了！」張作霖說：「那你有什麼損失沒？槍械呢？」孫傳芳說：「沒有損失，槍械每人有兩把！」張作霖很驚訝。孫傳芳說：「張宗昌沿途扔得到處都是，可惜俺們每個人只有兩隻手拾！」

孫傳芳一生崇尚武力，卻死於武力。他一生野心勃勃，迷信武力。他在某次挑戰電文中說：「秋高馬肥，正好作戰消遣。」一九三五年十一月十三日午後，被孫傳芳俘虜後處決的施從濱的女兒施劍翹，隱姓埋名十年，終於用三發子彈刺殺了殺父仇人孫傳芳。真是濫殺無辜最後遭到報復，死於非命。孫傳芳終年五十一歲。

Q 寸土不讓的張作霖

張作霖敢作敢當，甚至敢玩命。他少年時代賭博，遭人合夥算計，輸得精光。他知道有詐，一刀剜下了自己腿肚子上的一片肉，扔在賭桌上：「來！我坐莊，賭這塊肉！」舊時賭場的規則是莊家賭什麼，眾人就要陪著賭什麼。張作霖賭了身上的一塊肉，如果贏了，輸家也必須奉上自身的一塊肉！眾賭徒認錯，把詐來的錢送了回來。

張作霖雖然是個粗人，但是也很愛國。有一次，他的日本顧問要回家去，跟張作霖要題字。第二天，張作霖寫了一幅，後署：「張作霖手黑」。秘書看大帥的手雖然有點黃但不黑啊，就說是不是「手墨」。大帥怒了：「小樣兒，你知道個啥？俺少寫個『土』，這叫做『寸土不讓』！」秘書立即立正敬禮：「長官說得對！」

張作霖不僅有野心，他還是個演員。當時東北反對革命，東北三省總督趙爾巽邀請新軍將領來看「戲」。等觀眾到齊後，張作霖陪著趙爾巽登場了，張作霖把個羊肚毛巾包住桌上一甩，惡聲惡氣地說是炸彈，然後趙開始講大道理，結果矇騙效果不理想，就示意張作霖繼續演，張作霖把槍一甩，惡狠狠地說要送給大家槍子吃，新軍將領嚇住了，東北沒有獨立。

張作霖贏得了趙爾巽的信任，地位急劇上升。趙爾巽平時把張作霖當成了自己的親兒子，不僅自己家做了飯要給張作霖送點，平時嫖個娼也喊一老一少，老的自己用，小的留給張作霖。到了三十八歲的時候，張作霖就當上了師長。

張作霖手下有一個旅長，挪用二十萬軍餉搞生意，砸了。有一次，張作霖把他叫到面前，問：「我聽說最近有人做生意？」旅長低下頭小聲地說：「嗯。」張作霖

說：「你丫的有幾個腦袋，敢挪用軍餉，你說怎麼辦？」旅長說：「自裁。」張作霖說：「老子養頭豬也不只值二十萬！滾回去把軍隊帶好，這筆錢老子再撥給你！」

北京匯豐銀行有個華人帳房，偷偷用銀行的錢做投資，導致銀行虧空三百萬元。於是托人找張作霖幫助自己跑路。張作霖一聽說虧損的是洋人的錢，立馬對來的那個人說：「不錯！洋人天天騙咱的錢，現在有人騙了洋人的錢！還騙那麼多，有出息，有膽量！讓那小子等著，老子我馬上派兩個兄弟到他家站崗！」

張作霖在袁世凱手下時，是海陸軍奉天大元帥，身邊的軍官都是高等文憑，只有他是小學的土匪出生。有一次宴會，大家又拿這事尋開心，徐世昌、段祺瑞、馮國璋等都自報學歷，無一不是高等以上學歷。等到張作霖時，大家準備看他出醜，張作霖把酒杯往空中一甩，一槍打得粉碎：「老子是這個學校畢業！」

一九二五年，張作霖也想當一回終極老大。十二月廿七日，張作霖再次到了北京，他也想跟其他有點實力的軍閥一樣，當一回「臨時總統」或「大元帥」，迫不及待地嘗一嘗當「元首」的滋味。部下楊宇霆勸張作霖說：「大帥，萬萬不可啊，現在時機未到，實力不夠啊。」張作霖說：「哎，他娘的，我終究非幹一次不可。」

張作霖是綠林出身，很講義氣。下屬向他報告「某旅增加了多少人」、「現在又添了某某某」，他都給錢給軍備，從不多問。平定郭松齡叛亂後，張作霖擺宴慶賀，突然隨從抬進來一個箱子，報告說：「箱中皆是郭鬼子死後所搜得內部人和郭鬼子的密件。」一時間在座的都慌了神，但張作霖命令當場燒掉，部下都很感動。

張作霖曾經是個無賴土匪，想要朝廷招安，但是沒有門路。他聽說盛京將軍增祺的家眷要出行，於是派人劫了下來，回去後好生伺候著增太太，訴說自己做匪徒的苦衷，說明自己的遠大志向。增太太見他如此愛國，於是回去後，在老頭子增祺那吹了吹耳邊風，不久之後，張作霖便混上了清軍巡防營管帶。

張作霖整了個航運公司，沒賺幾個子兒，賠的倒是不少。張作霖很失望，這時候，一個小職員寫了一封信給張作霖，說自己有兩把刷子搞活經濟。張作霖覺得就把死馬當活馬醫吧，於是提撥他爲總經理，讓他全權負責。誰知道才幹了一年，這個航運公司就扭虧爲盈，張作霖很高興，把淨利潤全部賞給了他。

一九一八年，德國戰敗了，想把克虜伯工廠給賣了。張作霖派韓麟春前去購買。誰知道老韓不爭氣，跑到賭場裏把錢都給輸光了，準備跳黃浦江自殺。張作霖知道後，大罵道：「媽拉巴子的，孬種！」立即又匯了一百萬元過去，讓韓麟春用五十萬把本撈回來，那五十萬買機器。韓麟春重上賭場，贏了一兩百萬，鑄成了「中國的克

虜伯」。

張作霖雖然是個粗人，但是也很注意教育。張作霖就說：「學務為造就人才之所，振興國家之基，關係最重。」奉天的師範學校，不僅不收學費、住宿費，吃飯也不用掏錢。學生伙食早餐為大米粥、鹹菜；中午大米飯、四菜一湯，兩葷兩素；晚飯四菜一湯，皆為素菜。星期六午餐改善伙食，有罈肉、木須肉、燒黃花魚、燴海參等，營養很均衡。

一九二三年四月廿六日，在張作霖大力支持下，東北大學正式成立，他曾說：「開學越快越好。用錢告訴我，不管多少，我寧可少養五萬陸軍，但東北大學是非辦不可。」一九二五年，新校舍建成，東北大學整個校園面積達九百畝，是當時國內最大的校園。東北大學的經費、學生人數，遠超北大、清華，可惜「九一八」後沒落了。

張作霖辦學沒有什麼訣竅，他也不懂，但就是捨得花錢，找第一流的人才。東北大學所設定薪金和待遇相當優厚，以教授為例，北大、清華教授月薪三百元，南開二百四十元，東北大學則為三百六十元，非常著名的可高達八百元。東北大學還為教授們蓋新村，建別墅，安排寬敞舒適的住宅，許多知名教授紛紛前往。

東北講武堂是張作霖培養軍官的搖籃，每期軍官畢業，張作霖都親自主持典禮，並致辭。張作霖是個粗人，演講的話也不怎麼會說，每次都是拿參謀寫好的稿子上去背一通。有一次，張作霖又去演講，看到台下面黑壓壓的，都看著自己，愣了神，憋了半天才說出了一句：「媽拉個巴子！原先背得挺溜的，現在卡殼了！」底下哈哈大笑。

張作霖去北京的時候，覲見溥儀，一直往四處看，覺得大清皇家威儀也就那樣。溥儀看見張作霖跟賊一樣，心裏很不高興，沒說幾句就走了，對下人說：「這小子賊眉鼠眼的，一點禮貌都沒有！」張作霖聽到了很生氣，對人說：「禮貌？這傢伙都已經是平民了，還擺什麼臭架子！把老子逼急了上去抽他兩耳刮子！」

一九一六年，為了把段芝貴趕出奉天，張作霖與馮德麟自編自導自演了一齣戲。一邊是馮德麟製造謠言，說要殺到奉天，一邊是張作霖半夜十二點找人放槍，然後張作霖跑到段芝貴身邊說：「不好了，馮軍要殺進奉天了，還說要把你給剁了！」段芝貴慌了神：「那怎麼辦啊？」張作霖說：「只有跑了！」於是段芝貴就被騙走了。

一九二五年，馮玉祥在古北口倒戈，驅逐了溥儀，接管清宮寶物。和馮玉祥一起的張作霖聽說後，在北伐軍快到北京時，派了數百輛軍車，準備把故宮博物院裏

面的寶物撿貴的運到瀋陽去。葉恭綽跟張作霖說：「那都是造謠的，沒有什麼寶物，現在你來搶寶物，不正好替馮玉祥背了黑鍋。」張作霖說：「上他娘的當了，快開回去！」

郭松齡窮困的時候，張作霖曾給他很大幫助。沒想到養了個白眼狼，郭松齡起兵反起張作霖來，等到張作霖把這個沒良心的收拾了，對大家說：「我用人失誤，出了姓郭的敗家子，對不起父老鄉親，我還是讓位的好！」大家都很沉默，這時，吳俊升說：「除了大帥，關東哪有英雄，何況我們這些狗熊！」

郭松齡起兵反奉，讓饒漢祥寫通電。饒漢祥使出了全身本領，寫得「文辭華麗，氣盛言宜」，可以當範文用了。張作霖看到後說：「精彩的文章能當飯吃？不搞內戰，談什麼榮華富貴，媽拉個巴子！饒漢祥這個人最能吹他娘的牛皮了，黎菩薩（元洪）還不是給他吹毀的，不要管他，讓他隨便蹦躂！」

在北洋軍閥中，就數張作霖的統治最粗暴，完全沒有人權言論自由，他教育學生必須尊孔讀經，師生都得聽話，「劉邦約法三章，我就一章，不聽話就槍斃」。殺害了的記者，查封的報社不計其數，弄得人心惶惶。殺人的時候，他連審判都不用，直接拖走槍斃，樣子也懶得做。

張作霖曾經下令：帥府是軍事禁區，半夜一過，任何人不得入內。有一次，張大帥出去打牌，回來的時候超時了，門衛不給開門。張作霖說：「我是大帥！」門衛說：「大帥也不給開！」張作霖拗不過人家，只好從後門進去了。第二天，張作霖要給門衛升官，門衛說自己不識字，幹不了。張大帥說：「那好辦，我給你找個識字的當秘書。」

張作霖曾對人說：「做馬賊，做土匪都無關緊要，成則為王敗則賊，混出了名堂，就一切都好說，但千萬不能做漢奸，那是死後留罵名的。」有一次，張作霖到日軍佔領下的旅順和大連作訪問。日本人誇耀說：「看過我們日本人在旅大的成就後，你們一定不想收回旅大了。」張作霖說：「正好相反，我今天看過後，更想收回來。」

張學良是張作霖的長子，字漢卿，乳名雙喜、小六子，大家更喜歡喊他「少帥」，他也很喜歡大家這麼喊他。張學良是「民國四公子」之一，是當時有名的花花公子。有一次，張學良陪父親喝酒，席間，張作霖說：「你小子！當我不知道，整天在外面跟女人混。我告訴你，玩女人可以，可千萬別被女人玩了。」

張作霖對於少帥張學良管教很嚴，期望很大。張作霖曾經讓兒子做過奉軍王牌軍

第三旅的旅長，好鍛煉一下他。有一次，張作霖穿著便衣在城裏溜達，聽見幾個百姓嘆氣說第三旅的人老霸道了，強取豪奪，無惡不作。張作霖很生氣，回到家後，把張學良喊過來，大罵道：「你這個不爭氣的東西，老子要關你三天禁閉！」

一九二三年秋，張學良和李景林等去長腿將軍張宗昌那裏檢閱。張學良見械彈器材僅銅質電報機便有五百餘部，驚訝地說：「長腿，哪兒搞的？」張宗昌不屑地說：「狗日的白俄軍送的。」張學良又指著田瓜式手榴彈問：「這個呢？」張宗昌說：「一個花兩塊哈爾濱大洋買的。」張學良和李景林對了一下眼神：「長腿真有兩下子，這些東西比我們的都高級。」

中原大戰，張學良見馮閻聯軍被打得差不多了，就引軍入關，準備佔領北平，掐斷馮閻聯軍最後的希望。當時守城的是閻錫山的部下楚溪春，張學良派去占城的是董英武，雙方都是老同學。楚說：「老同學，你來得很好，我是奉令撤退，咱哥倆也不用打了，請你進城，我就交防。」兩人去酒館喝了個大醉，次日就和平「解放」了。

張作霖統治東北期間，東北將領設宴請外賓吃飯。吃飯中間，一個日本領事諷刺張學良說：「閣下這麼年輕，也能當上東北軍隊的領袖，真是東北人民的福氣啊！」說完等著看張學良出醜，結果張學良說：「太過獎了，我不過也是跟你們天皇一樣大而已，榮幸啊！」日本人頓時臉憋得跟醬豬蹄似的。

Q 「三不知」將軍

張作霖是很精明的，當年出身土匪的軍閥不少，最出名的有兩個，一個是廣西幹帥陸榮廷，另一個就是東北雨帥張作霖。張作霖之所以口碑不怎麼的，是因爲他的兵到哪都不講紀律，老是弄得雞飛狗跳的。他手下的「三不知」將軍張宗昌就是一個典範。強搶糧食收編土匪算小的，還老是強搶民女，手段相當殘暴。

張宗昌名爲「三不知」將軍，就是不知道自己有多少槍，因爲土匪天天有來投奔的；不知道自己有多少錢，因爲搶得實在太多；最重要的是不知道自己有多少二奶，據說他的老婆是「八國聯軍」，連洋妞也不知道泡了多少，講究中西合璧，連二奶也得改改口味。到哪溜達，後面跟的老婆和衛隊差不多人數。

山東軍閥張宗昌不是吃狗肉長大的，卻有「狗肉將軍」的美名。早些年的時候，張宗昌在山東閱兵，突然有一條野狗闖了出來，亂撕亂咬，將張宗昌的皮靴咬破，弄得張宗昌狼狽不堪。回到都督府，餘怒未息的張宗昌立即下令：快去打狗，打死大家

吃肉。於是，齊魯大地上掀起了一場史無前例的打狗風潮，大街小巷，員警士兵手持大木棍，遇狗就打，狗肉滿地。

張宗昌喜歡賭錢，尤其喜歡玩骨牌，當地人把玩骨牌叫做「吃狗肉」。張宗昌每次賭博下的注都很大，每當下屬們贏了一大把準備好好高興一把的時候，老張總是耍賴不認賬。下屬們又不能得罪他，只好背後罵他：「狗肉將軍張宗昌，跟他打牌真遭殃。」

張宗昌不僅有「狗肉將軍」等稱號，還是個臉皮超厚的角兒。那時張作霖派郭松齡以視察名義解散張宗昌的軍隊，話說岔了，郭張口便罵，操娘聲不絕於口。誰知張宗昌接口道：「你操俺娘，你就是俺爹了！」還給年輕自己好多的郭松齡跪了下來，郭松齡還能說啥，自己「兒子」的軍隊也就留下來了。

張宗昌是個大老粗，花錢也很闊綽。一次張宗昌坐黃包車，如果按表的話，也就幾毛錢，他甩手就是十塊。車夫以為要找零，身上哪裡有這麼多零錢，一時慌了手腳。張宗昌一看，以為車夫嫌錢少，暗嘆窮人心真狠啊，又掏出八張十塊的，車夫這時反應過來了，直呼青天大老爺。張宗昌揚長而去。

張宗昌的父親是個吹嗩吶的，很窮，娶不起老婆。一次，有一個窮婦女從面前路過，看她餓得不行，就給了她半碗粥喝，這個婦女很感動，兩人就結婚了。後來兩人生了張宗昌，日子就更難過了，張宗昌的母親夜裏拿根棍子躲在路邊，把一個路人敲暈了，搶了他的糧食拿了回來。一會張宗昌的父親回來了，說：「真他媽晦氣，糧食被搶了！」

張宗昌很孝順。一次張宗昌在徐州赴宴，席上端來了鮮荔枝，張母不知道怎麼吃，就連殼吞下，眾人一陣哄笑。張宗昌見狀，第二天也大開宴席，將前次宴會的主客統統拉過來，囑咐廚師把荔枝一樣的糖果端上來，跟真的一樣。吃的時候，張的母親依然如舊，而客人不知道，反而準備剝殼吃，被張宗昌好好戲弄了一把。

張宗昌手下的程國瑞團，軍紀很爛，張宗昌的參謀建議換掉程國瑞。張宗昌搖搖頭說：「哪能哩！你要曉得程競武和俺的關係，俺讓他去殺了陳其美，說給人家四十萬大洋，一個子兒也沒有給人家，現在給他一個團玩玩，那又有什麼呢？」參謀問：「那你怎不給人家？」老張說：「四十萬啊，那麼多錢，你捨得俺捨不得！」

張作霖派郭松齡爲校閱委員，視察張宗昌的演習情況。演習過程相當苛刻。張宗昌躲到一邊發牢騷，罵道：「他媽的，這是哪個龜孫子的計畫，弄得我們這樣。」郭松齡突然推門進來，聽到罵聲，問張說：「你罵誰？」張說：「這是我的口頭語，

並沒有罵任何人。」郭大發雷霆，指著張的鼻梁罵道：「我X你媽！這是我的口頭語！」

一九二四年，第二次直奉戰爭，奉系與滬浙皖系、廣東孫中山、馮玉祥國民軍聯手對抗直系把持的中央政府。曹錕手下的吳佩孚要進攻馮玉祥的部隊。吳佩孚和張宗昌是老鄉，戰爭開始之前，吳佩孚想用老鄉見老鄉這一套讓張宗昌反奉。張宗昌回覆道：「要我反馮玉祥可以，你也要反了曹錕，要做王八蛋，大家一起幹。」

張宗昌在山東期間，天遇大旱，禾苗都枯死了。百姓怨聲載道，張宗昌不得不做點表示。因此，他上任第二天就率領文武官員赴龍王廟祈雨。可是一連好幾天，牛毛大小的雨點也沒見著。老張急了，下令：「給我轟他娘的！」炮團擺開大炮，對天猛轟，遂降暴雨，開創了人工降雨的先河。

張宗昌在早年軍旅生涯中，曾經率領一個混成旅到湖南作戰，不幸被南軍包了餃子。眼看敵人就要拿自己開刀，部下褚玉璞急中生智，將拉磨運糧食的百頭小毛驢牽上來作前驅先鋒，向西北方向突圍，張宗昌率大隊隨後。突圍成功後，一百頭毛驢無一生還，壯烈捐軀。

張宗昌有個外號叫「張扒皮」，實際上比扒皮還要扒皮。張宗昌攤派的苛捐雜稅不只人要捐，連雞狗也要捐，那時老百姓說，除了放屁不納稅，其他都納稅。狗稅就是誰家養個小狗，納六角大洋，給狗掛個牌牌表示納過稅了。如果狗沒有牌牌被員警發現了，一律槍斃，因此「濟南市民每見數百隻狗拉出郊外掩埋」。

張宗昌的小老婆很多，具體多少他自己也不知道。他娶小老婆非常隨意，只要看上了，租間房子塞進去，就算是張家的人了。門口再掛上個「張公館」的牌子，派個衛兵裝門面。不過，沒幾天，好色的張宗昌就把這位姨太太忘得一乾二淨。衛兵一溜，牌子一摘，姨太太以前幹啥還幹啥。有人打趣說：「走，跟張宗昌的老婆睡覺去！」

張宗昌雖然治軍很爛，卻老是有歪主意。他看那個年頭中國軍人被洋鬼子打怕了，就趁機收編了一萬多白俄兵。打仗前給他們灌上一通酒，裝甲車開道，後面白俄兵「烏拉」一聲鬼叫，就跟瘋子一樣衝了過來。白俄兵長得兇神惡煞、人高馬大，張宗昌憑著這一招威風了好一陣子。

張宗昌雖然是個粗人，卻寫得一手「好詩」。其經典巨獻有：《求雨》：玉皇爺爺也姓張，爲啥爲難俺張宗昌？三天之內不下雨，先扒龍皇廟，再用大炮轟你娘。《大明湖》：大明湖，明湖大，大明湖裏有荷花。荷花上面有蛤蟆，一戳一蹦躂。文

采驚人，每逢張大帥吟詩，下面都能笑趴下。

一次張宗昌視察，遇見一個警衛打盹，上去就是一馬鞭，來了句：「真他娘的是『玉不琢不成器』。」然後問警衛：「知道是什麼意思嗎？」警衛一臉懵懂：「您要是遇不著就不生氣了嗎？」張大帥：「呦，兔崽子，行啊，沒想到還是個文人。這樣吧，大門也不用看了，給你個連長當當！」

陳光遠做江西都督時，曾經繳過張宗昌的械，兩人從此結下了梁子。後來張宗昌打進天津，陳光遠正好在天津，手下的人拍馬屁，建議把陳光遠綁過來報仇。張宗昌說：「大丈夫不記前仇，算了吧！何必跟小人計較。再說，如果這樣幹，人家會罵咱們是土匪的。」

奉系軍閥，其實性格都很豪爽，豪邁又好笑。張宗昌從黑龍江回來，去張作霖的辦公室，老遠就喊了起來：「老爺子！效坤回來了！」張作霖罵道：「出去！哪有個軍人樣?媽拉個巴子，你當在家裏呢？給我重進！」於是張宗昌馬上原地立定，向後轉，正步出去，然後在門口啪地敬了個禮：「報告！張宗昌到！」才敢進去。

張宗昌下臺後，投奔了韓復榘。有一次張宗昌對韓復榘說：「雖然現在我下臺了，可是俺的老部下都分散在山東各地，只要俺登高一呼，馬上就能再拉出一條隊伍來！」韓復榘聽了很有危機感，但又不能表現出來，就笑著說：「那是，大哥什麼時候都是英雄！」後來韓復榘為了除掉這個心頭大患，找人把張大哥給做了。

辮帥張勳

「辮帥」張勳是何許人呢？答案：他是個清朝人。於是有人就說了，那誰不是清朝人。可張勳是個道道地地的清朝人。溥儀早就被人趕下了台，他卻一直留著辮子，表示效忠清朝。自己留也就算了，他的屬下也都拖著一條長長的辮子。進了北京，要求有辮子的紮起來，沒辮子的去買也得拖著。

一九一七年六月，張勳率領他的辮子軍進京調停，結果搞起了復辟。段祺瑞組織「討逆軍」一路殺到了北京，辮子軍除了辮子比較長之外，其他沒什麼特長，不堪一擊，跑得比追兵還快，傷亡沒有多少。許多人在火車上目睹了這場戰爭，唉聲嘆氣連呼不過癮，打得比婦女老太婆對毆還沒勁，辮子軍逃跑的速度，歷史罕見。

當時張勳在南京挨家挨戶搜查革命黨，凡是沒有辮子的，掛白旗的，有白旗的，全部殺掉。於是南京就被張勳屠了城，壯丁和學生，和尚和尼姑都成了重點殺害對

象。一時間買不到辮子的人一個個倒下了，張勳搜查著搜查著，就搜查到人家閨房裏去了，於是有不少婦女被張勳的辮子軍殘害。

張勳雖然人不怎樣，音樂戲劇天分卻不錯，經常自拉自唱。復辟失敗了，就躲到天津退隱江湖，舉辦張家戲劇演唱會，請各路京劇名角前來壓場子。張勳是個內行，所以不能跑調、假唱什麼的，名角們都使出看家本領唱戲，使得藝術水準暴漲，當時京津地區「寧願跑到張家牆頭上看戲，也不願意去戲院裏坐著看」。

一九一三年，山東省財政困難，省議會遂通過決議，要把孔林的樹砍了賣錢。孔子的後裔慌了，忙向省督周自齊求援，周自齊做不了主，便向張勳求助。張勳一聽，很生氣，立即派兵三百人前去保護，並且放話：「有敢動孔林一草一木者，殺無赦，無論是都督還是議長！」於是孔林就免了被砍伐的命運，留了下來。

張勳做長江七省巡閱使的時候，很有權勢。他經常把屬下找來用骨牌賭錢，從來沒輸過。原因在於他天天出老千：骨牌有三十二張牌，可張勳卻多搞了一張「天牌」，藏在手裏面，等什麼時候需要了，就塞在裏面用。這樣一搞，每次都是他贏。時間一長，屬下們看出了其中的門道，只不過沒有說出來而已。

一九一六年，黎元洪和段祺瑞府院之爭，搞得大家不得安寧。於是群眾們不願意了，這時還留著辮子的辮帥張勳被邀來扯架，帶著五千個甩著黑溜溜辮子的小弟上了北京。進了京城也要再過一把清朝的癮，把溥儀從草窩裡拉出來，現場演了一齣十二天的復辟鬧劇。讓北京城把好幾年沒掛的龍旗掛出來，有龍旗的要掛，沒龍旗的縫個也要掛。

張勳父母死得早，就去給廣東巡撫許振禕家當書童，伺候人家的公子。後來他投了軍，慢慢混成了江南提督。有一次，許振禕到京城公幹，張勳前去看望。張勳爲了炫耀，整的名片上印了各種官銜。不料許振禕很生氣，不讓他進來，大怒道：「什麼東西！」張勳脫去官服，搞了一身普通衣服穿上，並改了名片，這才被請進去。

張勳復辟成功，推薦康有爲做首席內閣大學士。跟老闆溥儀請示的時候，老闆娘瑾太妃在一旁反對。原因是康有爲把鬍子剃了，而清朝還沒有過沒鬍子的大學士，先讓康夫子回去長長再說吧。康有爲知道了，很沮喪，急忙從藥店買來生鬚水，一小時抹上個兩三次，照鏡子的次數急劇飆升，「不啻農夫之望禾苗也」。

張勳復辟的原因很簡單，鬧著玩。張勳復辟的鬧劇經歷了十二天就結束了。張勳被趕了出來，躲到了荷蘭使館的洋樓裏，生活很是安逸。有人問他：「你爲什麼不選擇君主立憲呢，這樣也好多一點看頭。你即使失敗了，也不會被別人嘲笑。」張勳

說：「哎呀，那有什麼啊！我不懂這套玩意，都是萬繩栻他們瞎鬧的。」

張勳在南京遇到馮國璋，二人一起去喝酒。估計喝得有點多了，張勳決定告訴馮國璋一個秘密：「你知道嗎，袁世凱給我發了一個密電，讓我監視你。」馮國璋蠻不在乎地也從身上摸出一張密電：「看見沒?我也有！」張勳感覺自己被耍了，生氣地說：「這個人真是混賬！」馮國璋很同情地說：「你老現在才知道啊！」

一九一七年張勳復辟，辮帥同志在北京城大肆兜售辮子，孫中山坐不住了，別人從來不把自己辛辛苦苦制定的《臨時約法》放在眼裏，眼看共和大業搖搖欲墜，於是開始舉行「護法」運動。結果這年頭什麼都需要有兵權，沒有兵權就會很慘，被桂軍和滇軍的首領陸榮廷、唐繼堯當了一回槍使，護法運動變成了軍閥自己的娛樂活動。

Q 綠林梟雄陸榮廷

陸榮廷社會閱歷很豐富。兩歲時，他爸爸死了，跟著母親流浪到了武鳴縣城的貧民窟裏住，靠著他母親割馬草和挑水賣掙點錢，八歲時，他母親送他去上了一年私塾。十歲時，他母親也死了，他就去紙傘鋪做了學徒。十三歲時，他被傘鋪解雇，住到了縣城觀音廟裏，以廟內一口空棺材蓋翻過來當床鋪睡覺，平常打點零工，拮据時做小偷。

蘇元春當上了廣西提督，舉行了就職典禮。晚上，陸榮廷一個人偷偷跑到政府大院去偷省長的馬，可惜被抓住了。蘇元春問道：「爲什麼要偷本提督的馬？不怕殺頭嗎？」陸榮廷從容地回答說：「別人只有一匹馬，一偷還有啥，提督老爺的馬偷了一匹，還有一大群，提督老爺何必爲了一匹馬，而落個小氣包的名聲呢？」於是陸榮廷就被放了。

桂軍頭頭陸榮廷小時候家裏窮，乘船去廣西，身上只帶了塊熟肉，餓了就舔舔。哪知道有個洋教士帶著條狗也上了這條船，半路狗竄上來把肉叼住搶了去，陸榮廷追上去的時候，狗早就把肉咽到了肚裏。陸榮廷找洋教士理論，洋教士說了一句讓他噴血的話：「狗搶了人的肉不是新聞，人搶了狗的肉才是新聞……」陸榮廷跟他幹了一架走了。

一九一一年南寧獨立，陸榮廷害怕自己的辮子被革命黨強行剪掉，那多丟人，就在家中開始上演一齣鬧劇：陸榮廷穿著御賜黃馬褂，在家中遙對著清朝墳墓的方向跪著，說道：「臣罪該萬死，民變難當，只好從權避亂，日後必報聖恩！」他的小老婆

等急了，甩了他一巴掌：「死老頭，別裝了，快點吧！」拿出剪刀，他那根小辮子就跟隨大清一命嗚呼了。

陸榮廷做土匪被招撫，派到日本學打仗。他和很多同盟會混了個臉熟，但陸榮廷壓根對民主沒什麼興趣，玩了幾個月就回來了。同盟會卻一直沒有忘記他，想策反他。孫中山問他：「老陸啊，能不能跟我一起起義呢？」陸榮廷：「可以啊，兄弟肯定不會害我。」孫中山大喜：「那就這麼說定了啊！」陸榮廷就這樣參加了革命。

陸榮廷是土匪出身。有一次，一個法國人的警犬咬死了一個中國兒童，大家就把那條惡狗給殺了。後來法國洋毛子很猖狂，把中國人給殺了好幾個。陸榮廷很氣憤，說：「中國人的性命比不上一條法國狗?!」於是就帶領幾個游勇兄弟把那個狗主人給幹掉了，算是給中國同胞報了仇。爲了逃避法方追捕，陸榮廷上山做了土匪。

陸榮廷應徵參加了清兵，步步升官，當上了左江鎮總兵，也算是個中將了。他以前流浪的時候，認了一個無兒無女的寡婦黃媽做乾媽，陸榮廷做了土匪，黃媽對他也很照顧。他現在當官了，就派人找到黃媽，將她接到中將府第安享晚年，直至去世。黃媽的葬禮十分隆重，出殯時，單扛輓幛的就有六百多人，浩浩蕩蕩，徐徐送至團結村馬鞍山安葬。

陸榮廷當了官，覺得不識字確實不行。他請來了蔡先生、陳先生教他讀書、寫字。每日早起練習一陣射擊之後，便捧起書本學習，「每日必須寫一尺見方的大字三十個」，幾年下來，陸榮廷不僅能朗讀古詩文，看個《三國演義》之類的小說寫個詩啥的都不在話下，還能親自起草或批閱公函和電文。

陸榮廷做了上將軍之後，有一年元宵節，邀請舞獅隊到上將府第門前表演。他的副官盧五洲很淘氣，將鞭炮塞進了獅子的嘴裏，把舞獅頭的人炸傷了。雙方吵了起來，現場一片混亂。有人大聲說：「鄉親們，他們有槍，可以隨便欺負百姓，我們赤手空拳，會吃虧的，走吧！」陸榮廷知道了，當場將盧副官臭罵一頓，又去安慰傷者，賠禮道歉。

陸榮廷雖然人不怎麼樣，但槍法卻很準。他小時候家裏窮，就天天拿石子練習，一來二去，陸榮廷就成了一個神槍手。不用瞄準，隨手一甩，就能打中。長大了每天起床都練射擊，下雨颳風都不停，還喊全家都練，舉行「家庭射擊大賽」，獎金五個大洋，你要是嫌錢少輸了，對不起，三天的做飯拖地就交給你了。

一九一六年，陸榮廷到北京辦公事，段祺瑞在家設宴款待。席間，段祺瑞請陸榮廷給大家射擊助興，陸榮廷說：「現在老了，射不了游魚，姑且拿這老掉牙的槍法來

獻醜吧。」然後對著魚缸裏的一條鳳尾魚，「砰」一聲響，魚死了，缸也破了。段祺瑞很心疼，客人走後，段祺瑞罵了起來：「這個陸榮廷，真是野性難改！」

唐繼堯很自私，陸榮廷也不例外。當初孫中山號召護法，雲南都督唐繼堯和陸榮廷積極回應，他們本來對護法的事一點興趣都沒有，但爲了把自己的勢力伸到四川去，兩人也舉旗護法。護法運動開始沒多久，他們就露出了本來面目，導致護法失敗。孫中山護法失敗回到上海，氣憤地說：「真是一丘之貉啊！」

陸榮廷聽說城隍廟有許多算命的術士，就想自己一個大貴人，不知道這些術士能不能看出自己的「貴相」？於是他假扮成一個商人，一搖三擺到城隍廟一個相士的攤前坐下看相。那個相士自然不知道他就是督軍大人，就如常地施展伎倆，先把他奚落一頓：「睇（看）你個衰樣，死到臨頭還到處走！不出三日……」陸榮廷自找沒趣，夾著尾巴走了。

張作霖和陸榮廷在北京太和殿遇見了，大有相見恨晚的架勢。忽然一隻鳥從頭上飛過，陸拔槍便射，飛鳥應聲落地，帥氣無比。張作霖也想表現一把，但一來沒有槍，二來也沒有鳥啊！就想出一招，跟陸榮廷比賽，說：「看誰身上的疤痕最多！」比試結果：張有五十處傷痕，而陸更是有八十處。張自愧不如，只得稱陸榮廷爲大哥。

法國領事聽說廣西軍閥陸榮廷非常喜歡狗，就特地從巴黎弄來一條上好的獵狗送給他。過了幾天，法國領事又去陸榮廷的家，問道：「狗好不好？」陸榮廷嘖嘖地說：「好是好，可惜皮厚了一點。」法國領事疑惑不解。過後有人告訴他，他的獵狗已經讓陸榮廷吃了。法國領事感慨，連條狗都不放過啊！

精於算計的閻錫山

閻錫山其實很能裝。袁世凱曾經三次召見閻錫山，回來後，有人問閻錫山：「給我們說說袁大總統長什麼樣子啊？」閻錫山很窘迫地說：「我……沒看見，我只看見了他的靴子。」閻錫山這樣懦弱馴服的表現，使得袁世凱也覺得這樣的人還是有點用的，於是閻錫山這個辛亥革命的都督就被留了下來。

二十世紀三〇年代，上海一家小報登了一幅漫畫，畫中蔣介石一手握槍，一手托著現大洋；馮玉祥一手提著大刀，一手抓著窩窩頭；閻錫山一手提一桿秤，一手拿著算盤。每當有人提起這幅漫畫，閻錫山總會得意地笑起來，因為他自己也覺得自己

精於算計，是個經濟學家的料，還把這幅漫畫裱到了自家牆上，來個人就把自己誇一頓。

閻錫山精於算計，擅長經濟。民國各省的都督，大多做不了幾年，但閻錫山在山西統治了三十多年，省內很穩定。由於不經常打仗，百姓生活也就安穩了，到了三〇年代的時候，山西還曾經被評爲全國模範省，全國的註冊商標中，有一多半都是山西商家註冊的。閻錫山經常跟朋友誇讚說：「我雖然沒啥本事，但掙錢還是在行的。」

閻將軍想買一套煉焦設備供他的太原鋼廠使用。一時間，很多以前吃過甜頭的外國公司都來搶單。閻錫山把競標剩下的三家公司的經理、代表等請到他的別墅裏好好招待著，讓洋人們自己掐架。洋人們也不辜負老閻的期望，一場狠掐。掐到最後，某家洋行中選。事後洋經理一算賬，利潤少得可憐，吃虧倒是挺大的！被老閻擺了一道。

閻錫山統治山西，爲了不讓別人順著他的鐵路走，想了一個怪主意。他把省內的鐵路全都換成了窄軌的，這樣自己的特製火車就能在窄軌上開進，也能跑到省外的鐵路上溜達。而省外的都是寬軌，火車開不進來。建成之後，閻錫山很是得意，跟馮玉祥炫耀，馮玉祥說：「什麼人修什麼路啊。」閻錫山聽了臉色鐵青。

「十二月事變」後，西安新舊軍決裂，決死隊除了三個團之外，其他的部隊全部跑到了八路軍那裏。在一次內部的高級軍事會議上，閻錫山痛心疾首地說：「這幫傢伙，一下子就拐走了我三萬人哪！」旁邊有個人喃喃地說：「誰叫你那麼摳門。」閻錫山沒聽見，自顧自地說：「枉我對他們那麼慷慨。」於是一群人都憋得臉紅，沒敢笑出來。

一九三七年，閻錫山路過江蘇無錫的時候，在錫山上，這個大老粗突然決定寫下一點東西，就對隨從說：「老子今天給你們寫副對子『閻錫山過無錫，登錫山，錫山無錫』，你們對個。」結果沒人能夠對出來，閻錫山很得意，登到了報紙上。後來記者范長江在安徽天長縣對出了下聯：「范長江到天長，望長江，長江天長。」

閻錫山是個人精，人精了就疑神疑鬼。閻錫山早些年的時候得罪的人不少，害怕別人找他尋仇，暗算他，精神緊張了一輩子。他的廚師從來不換，喝水也從家裏帶外面的水也不敢喝。爲了自己的安全大業，有一個副官，數十年如一日地背個水瓶，給閻大帥背水喝。時間長了，副官連睡覺都背個水瓶。

Q 刀槍不入的神軍團

劉湘是個大迷信，當年在四川做主席時，還專門有「神軍」。當時四川有個大神棍劉從雲，耍了幾套把戲就把劉湘給迷住了，從此要「信神興軍」，並請劉從雲出山做了軍師。劉半仙不僅求神拜佛，還組建了一支自稱刀槍不入的神軍，足以媲美義和團。一時間，大家都說「劉湘將軍有海、陸、空、神四軍」。

他的「海軍」都是普通小輪船，然後焊上一些鐵板做裝甲，再裝上兩門陸軍用的小鋼炮。因爲噸位小，馬力也不足，所以只要打過一炮，船身就要倒退一大截，想開下一炮，還得重新起錨調整位置。劉湘爲此貼出佈告：如果哪天浪高把船打翻了，船錢還得讓老百姓們掏錢報銷。

資本家盧作孚想辦民生輪船公司，但老是被劉湘防區內的官兵騷擾。盧去拜訪劉湘，劉湘不支持。於是盧作孚找到神棍劉從雲，請客吃飯好好地行賄了一番。劉大仙見到劉湘，說：「水火不能相容，老大你名字裏『湘』是水字旁，而你對頭劉文輝屬火，要水盛才能滅火！」劉湘急忙問計，劉從雲說：「辦航運，興水德。」盧的輪船遂暢行。

一九三二年，劉湘在成都主持召開教育會議，他說：「現在咱們不應跟別人打交道，我看咱有喝水的茶壺，有自己地盤裏養的白白胖胖的豬，還講什麼科學呢，自己就能養活自己！」重慶大學的何魯站起來說：「國家富強當然要依靠科學了，不依靠科學，那督辦您今天爲什麼還要穿西裝呢？」劉湘當即紅著臉下去了。

一九三四年劉湘沒統一四川之前，四川的治安基本上沒有，軍閥橫行，土匪大白天都敢跑到縣衙裏去搶人。當局礙於名聲出面剿匪。每一次說要去哪個地方剿匪，先派人通知土匪轉移，好提前清場，避免尷尬。還害怕有的忘了走，一路敲鑼打鼓，警笛長鳴，剿了幾個月的匪，連個老鼠也沒剿到。

劉湘與他叔父劉文輝，爲爭奪四川霸權，即將展開決戰。此時，劉文輝送給范紹增五十萬大洋，收買他倒戈。范紹增拿到大洋，立刻向劉湘打報告：「收到敵方劉文輝五十萬大洋，請問如何處置？」劉湘看了報告，差點笑翻，於是批示道：「你拿錢到上海去玩一趟吧。」范紹增拿錢到上海，結識了杜月笙等人。

一九三七年，「四川王」劉湘帶著川中弟子出川抗戰，但是胃病發作了，住進漢口醫院。後來，范紹增突然反水，揭發劉湘勾結韓復榘準備投日。蔣委員長就把韓復

桀給殺了，奪了川軍的兵權，劉湘被活活氣死。

Q 北洋之龍王士珍

號稱「北洋三傑」的王士珍、段祺瑞、馮國璋，被人稱爲「王龍、段虎、馮狗」，後來馮國璋當上了總統，對於段祺瑞和王士珍兩位兄弟很是傲慢。王士珍不禁感嘆說：「現在馮狗做了總統，想我這條龍連隻狗都不如啊！」段祺瑞拉著王士珍的胳膊，同病相憐：「我這老虎也甚是窩囊啊！」兩人黃昏中的背影，很是悽楚。

王士珍曾經找人冒名頂替，涉嫌作弊。有一年，武毅軍總統聶士成向直隸各鎮調用軍官，守備王士珍要被調走。可是他不願意挪窩，就找了一個姓王的馬前隨從冒名頂替調了過去。王士珍慢慢有了機會，後來到小站袁世凱麾下做了「北洋之龍」。而那位頂替的仁兄在那裏老老實實地做了幾年小官，最後連個姓名也沒人知道了。

王士珍對袁世凱非常忠心，袁世凱對他也很信任。凡是有重要軍事問題，袁世凱都要諮詢王士珍說：「聘卿核否？」他上的奏摺，或下發的文稿也一定讓王士珍改改，臨發前還要讓王審閱。因此當時不少人稱王爲「龍目」，即袁的「眼睛」。有人問袁世凱這件事，袁世凱說：「聘卿乃北洋第一軍事人才也。」

袁世凱做了大總統，幾次派人去請王士珍出來做大官，但都被拒絕了。一九一四年夏，袁世凱派大兒子袁克定親自去請，臨行前，他囑咐袁克定說：「請不回來，你也別回來了！」結果還是只有小袁回來了。最後段祺瑞出山，以朋友之道邀請他來車站見上一面，喝杯小酒，結果天真的王士珍就上了火車，不經意間開到了北京。

王士珍是個老頑固，段祺瑞致電內閣「立定共和政體」，和袁世凱逼著溥儀下臺，老王很不解，致電段祺瑞，稱：「皇恩浩蕩，清廷曾對你不薄，你怎能發如此大不敬之電？」可是沒人聽他的，他就退隱江湖了。他出門喜歡坐馬車，一輩子從來沒坐過汽車。有人說：「咱買個汽車吧？」不料王士珍大罵：「崇洋媚外的狗東西！」

時局慘澹，王士珍決定回正定牛家莊老家隱居。每天閒雲野鶴，不問政事。有一天，王士珍出去散步，看見一個人推著小推車上坡，推到半坡上推不上去了。於是，他熱心地上前幫忙，不過由於力沒使好，險些把車推翻。那個人不認識他，吼道：「你個糟老頭會不會推！淨幫倒忙！」王士珍也不生氣，說：「是我不好，是我不好。」

Q 姨太太當軍隊訓練的楊森

楊森是個色狼軍閥，妻子小妾數不勝數，都是些才多貌美的美女。他辦的報紙吹噓老楊英雄蓋世，所作所爲，都是爲國爲民，實乃俠之大者，於是老楊就被媒體宣傳成了「楊大俠」，成了當時四川少女的偶像，好多人寫信向他求愛，其中有一封這樣寫：「願爲英雄妾，不作庸人妻。」

楊森不僅娶了好多小妾，還按寵愛程度給妻妾建造不同的房子，請音樂教師來教妻妾們唱「楊大英雄愛我，我愛楊大英雄」之類的歌。爲了表現他「與民同樂」的願望，還讓各房姨太太裸體上陣，跟著自己學游泳，一時間轟動了江城，大家飯都不吃了，專門跑去長江邊看女人洗澡，旅客人數突破了武漢歷史同期最高記錄。

楊森雖然自己荒淫無度，對自己的老婆管教卻很嚴。除了教妻妾們唱歌外，每天早上還讓老婆們紮腰帶穿軍裝，在副官的帶領下跑早操。吃過飯還得上古文、鋼琴、英語等各項課程，不能曠課，管得比軍校還嚴。對此，楊森很是得意，多次推廣自己的「先進」經驗，說：「如果不這樣，那一屋子的女人怎麼管得住啊！」

楊森的老婆多的成了加強排，所以女兒也就多的像個加強連。後來在「新生活運動」期間，楊森在四川提倡婦女穿短衣短褲參加體育鍛煉。在運動場上，他看到一個少女很是活潑，就上去問：「你是誰家的女兒啊？」少女說：「楊司令家的女兒。」楊森納悶了：「四川還有哪個楊司令？」少女說：「就是你啊！」楊森很是尷尬。

楊森司令特別重視軍隊現代化，買了架飛機自封海陸空三軍司令。陸軍不行了，就派沒有炸彈用的飛機帶著條石往地面扔，敵人一看新式武器都嚇得抱頭亂跑。可是前腳走，後腳老百姓就把石頭搬回去弄成豬槽用了，因爲平原沒石頭，這種豬槽硬是要得。於是從此空襲多了一道風景，老百姓跟著飛機狂跑：「總司令又送豬槽來了！」

一九二四年，楊森任四川督理，搞創新，把他所提倡的各項內容，以「楊森說……」式樣寫在木牌上，釘在成都的電線杆、街旁樹木和公共廁所牆上。諸如，楊森說：「應該勤剪指甲。蓄指甲既不衛生，又是懶惰！」楊森說：「打麻將壯人會打死；打籃球強身健體！」楊森說：「夏天在飯店、賓館、大街等公共場所光膀子是不文明行爲！」

一九二五年四月，楊森爲統一四川，首先攻打賴心輝，楊森軍壓力很大，火力

異常兇猛，賴部支持不住，各軍閥又作壁上觀，自顧自地在家喝茶。賴心輝日盼夜盼沒有一個援軍到來，於是暴走，給劉湘等人發了一封電報，曰：「袞袞諸公，槃槃大才。使我上吊，你們不來。時機一到，一起下臺。」

一九二八年年底，楊森率領自己的殘部逃到了渠縣。當時窮得糧餉空空，還得靠別人接濟。楊森甚至連給士兵發軍裝的錢都沒有了，士兵們天天穿著破爛的軍裝，一不小心就會露出屁股，只好把老百姓的長衫強行剪了留給士兵遮羞用。當時的《觀察》雜誌還刊登了楊森的士兵夜間睡覺要脫褲子，以防逃跑。

楊森在四川提倡新風化，下令放足。一次在川南運動會上，突然讓數千女觀眾脫下裹腳布，當場焚燒，臭氣熏天。貫徹最認真的是衛生檢查，他每天派員警挨戶檢查，無論是臥室還是廁所，都要以摸不著灰為合格標準；要是在街上吐痰，就讓人跪著拿衣服擦掉；吃口香糖的吐菸頭的，要處以割嘴片的大刑。

Q 姨太太最多的軍閥

在武夫當國的民國年間，軍閥中妻妾成群者不在少數。那麼誰的姨太太最多呢？

川軍將領范紹增。他的姨太太多達四十位，可謂曠古奇聞。不過，范紹增風流而不下流，對姨太太們很講感情，不像軍閥張宗昌、楊森之流經常強暴良家女子，且不把姨太太們當人看。其風流韻事，有好事者將其撰爲《十七姨太外傳》，當時很流行。

四川軍閥范紹增有個綽號叫做「范哈兒」。男人往往好色，有的敢想，有的敢說。盤踞四川的軍閥中，有兩位是特別好色，不但敢想，而且敢做，姨太太成群結隊。一位是楊森，另一位就是范哈兒范紹增。哈兒長得憨頭傻腦，看上去一副癡癡呆呆，缺少心眼的模樣，故而人送綽號「范哈兒」。

范哈兒對姨太太們很講義氣，重感情。有個叫紫菊的姨太太讀書時喜歡上了校長王世均，兩人發生了一場師生戀，給范哈兒帶上了一頂大大的綠帽子。范哈兒很生氣，就把兩人都抓了起來。但兩人的父母跪著求情，范哈兒心就軟了，認了紫菊做乾女兒，送了一套嫁妝，把她嫁給了王世均，成爲當地的一段佳話。

慈禧死後最怕的人

一九二八年，曾經發生了一起震驚中外的「東陵大盜」案。軍閥孫殿英藉口說軍

事演習，封鎖了清東陵，和士兵用炸藥把人家慈禧的墓掀了個底朝天。這還不滿足，把乾隆的墓順手也給盜了。孫殿英從墓中拉了好幾十車的財寶，士兵們也都私藏了不少。孫殿英因此出了名，成了史上最猖狂的盜墓賊。

中原大戰前，孫殿英去洛陽參加馮玉祥的動員會議。馮玉祥握著他的手說：「孫殿英老弟，我很敬佩你！當初我把活的溥儀幹了下去，你把死的慈禧揪了出來，一死一活，咱倆都是壯士！偉大得很！」孫殿英滿臉通紅，很感動，當面就對馮玉祥說：「總司令這麼懂俺，以後叫俺幹啥，俺都不含糊！」

Q 三蛋將軍

一九二七年，桂系聯合程潛把唐生智趕出了武漢，由桂系將領胡宗鐸和陶鈞管理省政。二人都是刮財不要命的主，一上任就橫徵暴斂，徵收營業稅。武漢幾千個商戶集合起來請願，胡宗鐸當眾大罵「混蛋、王八蛋」，陶鈞也不甘示弱，怒罵一聲「滾蛋」，架起機槍對準商戶，商人嚇得落荒而逃。胡、陶兩人由此得到外號「三蛋將軍」，所徵的稅叫做「三蛋營業稅」。

桂系軍閥佔領了武漢，胡宗鐸、陶鈞二人在武漢殺人從來不帶眨眼的。有一次，軍法處長拿著一批「犯人」名單，其中有好多連抓都不用抓的輕型案犯。陶鈞看都不看，畫個大圈「一律槍斃，以免麻煩」。不僅把所有犯人畫了，連署名的軍法官也畫了。處長說：「這個是法官。」陶說：「法官留著，圈畫大了，呵呵。」

吃飽了再殺你

陸建章在任期間，大肆屠殺革命黨人、進步人士及廣大群眾，被稱為「陸屠伯」。他殺人的時候，先請吃飯，等吃飽喝足了，送人走的時候，再用手槍將人從背後打死。所以陸建章請人去吃飯的帖子，被稱作「閻王帖子」。久而久之，陸建章就被人稱為殺人不眨眼的「陸屠伯」。後來徐樹錚用他這一招把陸建章整死了，報應啊。

自動變大王

軍閥張發奎有個外號叫「大王」。因爲他簽名的「奎」字，老是上下過於分開，圭潦草得跟「王」一樣，一眼看上去，「奎」字很容易看成「大王」。後來他的親信部下有時就乾脆當面叫他「大王」，他沒有答應，而是拈起削細的竹簽，瞇起眼在牙縫裏剔出一點骨頭渣子，向喊他的人淡淡地點點頭，算是默認了。

廣東革命政府第二次東征，張發奎任第一獨立旅旅長，在紫金縣熱湯圩跟林虎部萬餘人相遇，一個旅打人家一個師，很是危險。張發奎把帽子一扔，衣服一脫，對部下大喊道：「有前無後，打死就罷，叼你老母，衝！」說完端起挺機槍就往前衝。獨立旅官兵見狀，也跟著狂喊「叼你老母」發起衝鋒，連破敵人七處陣地。

喜歡講三民主義的軍閥

回族軍閥馬步芳喜歡給部下講經，尤其是「三民主義」。有一次，馬步芳又給部隊講了起來：「娃子們，俺今天給你們講個新鮮的『三民主義』！」下面開始偷笑了。他接著說：「這個『三民主義』就是漢、滿、蒙……」撓了撓頭，「我講到哪裡去了？」一部下喊道：「大帥，您講到溝裏去了。」於是馬大帥和部下都笑成了一團。

馬步芳的兒子馬繼援是馬家的末代將軍。西府隴東戰役期間，回族的馬家軍和粵系的整編第六十五師同時趕到，但都以爲對方是土八路，於是先對打了一番，打著打著感覺不對勁，馬家軍就抓來對方一個俘虜問話，還都是方言問答，結果說了半天也沒人知道是什麼，後來拿出筆來比劃了幾下，才知道搞了烏龍，總算罷了手。

顧人怨的張敬堯

張敬堯是個形象不太好的軍閥。他在湖南，被人們稱作「張毒」。而且他的軍隊戰鬥力特別差，戰鬥力先不說，穿乾淨點至少不那麼惹人討厭，可是事實上，張敬堯的部隊衣服都很破，有的還能露出屁股蛋子，軍人臉也不洗，跟木炭似的，手跟腳一樣髒，人們稱之爲「乞丐軍」，湖南人爲了捍衛自己省的形象，發起了「驅張」運動。

張敬堯兵敗北上後，他的靠山段祺瑞很鄙視他。張敬堯很鬱悶，就去南口投奔馮玉祥。馮玉祥一看見是他來了，就讓人把他五花大綁，掰著指頭數他禍害湖南的罪名。最後給了他《新舊約》和《三民主義》兩本書，說：「你要是能讀這兩本書，就放你走！」兩個月後，張居然會背一些章節了，馮玉祥不得不佩服，只好放他走了。

Q 好色英雄——尹昌衡

尹昌衡從日本畢業回國，當時廣西巡撫是張鳴歧，據李宗仁回憶，當時尹大個是他的教官，「教官是個革命黨，可是不怕省長，不僅不怕，還很囂張。」省長有一次給革命黨請客，尹大個竟然說「清廷不能存在」，張鳴歧是清朝的省長，就問：「你這不是犯上作亂嗎？」尹大個一手把老張拎了起來：「我不僅要革命，我還要打你！」

張鳴歧是個省長，受了無名小卒尹昌衡尹大個的侮辱，準備寫個「面辱大吏」告尹大個的狀，後來一想，這樣豈不是會再挨打，還是不寫了。不久，張省長將這些惹不起的大爺們禮送出境，其中必須有尹大個，送走之前，老張對尹大個說：「你要是做事低調點，我還考慮留你。」尹昌衡回道：「不用你留，我看不起你這樣的老頑固。」

尹昌衡領導過「成都大暴亂」。士兵們因爲拖欠工資問題，把部隊發薪水的給打死了，於是亂糟糟的士兵們在他的唆使下，成了一窩土匪，「一時間遍地皆盜，草木皆兵」，搶著搶著，員警也來搶了，一會，土匪也加入了，最後，連黑社會也跑進來湊熱鬧，這樣的陣容過去，把成都差點連房子也給拆了，一時民不聊生。

尹昌衡做了四川省長，要趕趙爾豐走，趙爾豐賴著不走，尹大個雖然年齡不大，手段卻很老辣。有一天，尹大個來到了趙爾豐的家裏，說：「老哥你身邊有三千邊防軍是壞事，爲了大計，你把他們交給我，我把它變成好事，大哥你要好事還是壞事？」趙爾豐語文老師死得早，覺得不無道理，結果交出兵權，就被尹大個給當眾斬首，頭顱掛在樹上做成了標本。

尹昌衡平時放蕩不羈，喝酒找小姐是家常便飯。他不僅沒有不好意思，反而認爲這是件能提高素質的好事，也能培養高尚的品德，爲自己風花雪月的生活辯解。他自己曾經編過一段三段論證明自己理論的正確性，意思是，自古以來英雄都好色，自己是英雄，所以也好色！這藉口找的。

＊微歷史大事記＊

一九一六年五月八日，實行責任內閣制，段祺瑞任國務總理。

一九一六年六月七日，黎元洪宣誓就職大總統。

一九一七年五月廿一日，黎元洪與段祺瑞之間發生「府院之爭」。

一九一七年七月一日，張勳率辮子軍入京，與康有為等扶溥儀復辟。

一九一七年八月一日，直系軍閥馮國璋繼任大總統。

一九二〇年七月十四日，曹錕與段祺瑞之間爆發直皖戰爭。

一九二二年四月廿八日，吳佩孚與張作霖開戰，第一次直奉戰爭爆發。

一九二三年十月五日，曹錕被選為中華民國第五任大總統。

一九二四年九月十五日，第二次直奉戰爭爆發。

一九二四年十月廿三日，馮玉祥發動北京政變，趕走了曹錕。

一九二八年六月四日凌晨五點三十分，日軍策劃「皇姑屯事件」，張作霖被炸死。

一九三〇年五月，中原大戰爆發，馮玉祥、閻錫山和李宗仁等與蔣介石在中原展開大戰。

第四章

抗日中的人和事

引刀成一快，不負少年頭——汪精衛

汪精衛最開始並不是漢奸。在一九一一年的大部分時間裏，人們談起汪精衛，都會用兩個字形容他：刺客。他在那年謀刺攝政王載灃，每天等在載灃下班的路上準備送他個精品炸藥包。結果不巧那條路擴建馬路正在施工。換了個地點埋下炸藥，被人發現並追索到了他家，不幸被捕。

汪精衛刺殺攝政王被抓進監獄判了個無期徒刑。之所以活下來，還是因爲長得太帥，看來長得帥確實很重要。廿八歲的他，每天在牢裏吃飯、睡覺、寫詩，思念心愛的女子，忙得很。時不時還有人來陪吵架。一九一一年武昌起義爆發，清廷釋放政治犯，汪精衛就被放了出來，又開始了他活蹦亂跳的革命生涯。

汪精衛和他的老婆陳璧君之間曾經有一段傳奇的故事。一九一〇年三月三十一日深夜，汪精衛準備刺殺攝政王。黃復生和喻培倫前往銀錠橋埋炸彈，留下汪精衛和陳璧君兩人。和汪精衛不怎麼認識的大家閨秀陳璧君作爲革命黨人，鼓勵汪精衛說：「你去幹吧，你明天就要死了，我沒有什麼能給你的。」就這樣，兩人上了床。

一九三五年十一月，國民黨四屆六中全會召開，汪精衛被刺客孫鳳鳴連打三槍受了重傷。當時雖然三槍都打中了汪精衛，汪精衛滿臉是血但沒有什麼生命危險。汪精衛的老婆到了現場，汪精衛怕死地說：「我完了，我完了！」陳璧君聽到後數落汪精衛：「你剛強點好不好，你男人一點好不好，幹革命的，還不早晚有這一天，早晚有這個結果！」

抗戰開始後，在日本的支持下，汪精衛公開組織賣國政府，並派老婆陳璧君赴香港請陳公博出山「匡政」。陳公博「忸怩」一陣以後，終於回到上海，並向汪精衛表白說：「你以跳火坑的精神扭轉乾坤，咱倆哥倆好，你跳，我也跳，要不然你太孤單。」後來兩人發表賣國「豔電」，雙雙做了漢奸。

汪精衛在抗戰時期投靠了日軍，做了大漢奸。王克敏經常跟汪精衛吵架，說：「你跟日本人打交道，應該請教老頭子我，你沒有經驗，是要吃大虧的。」王克敏曾經對周佛海說：「我們六十多歲的人了，做漢奸沒幾年就死了，汪精衛真是個畜生，何必把那些青年人也拉下水做漢奸呢！」汪精衛因此很痛恨王克敏。

周佛海做漢奸有聲有色。日本《日日新聞》記者吉岡文六問周佛海：「有許多財政，譬如國家銀行，是靠做假做起來的，你將來的財政，作假不？」周說：「當然！」吉岡愕然，說道：「那你的財政部應該找伊東（一有名的經濟騙棍）作顧問。」周馬上拿出記事本，鄭重其事地問：「伊東是誰？跟我說說。」吉岡急忙說：「瞎說，瞎說！」

青幫老大黃金榮

黃金榮是上海青幫頭子，因兒時出天花長了一臉麻子，人送外號「麻皮金榮」。早期在法租界巡捕房當巡捕，他心狠手辣，不怕賣命，結交了一幫流氓地痞做流氓，一路升職，又經營浴池、大世界遊樂場、黃金大戲院、賭場、妓院等。他操縱幫會，廣收門徒，培養惡勢力，在上海外灘獨霸一方。黃金榮與杜月笙、張嘯林被稱爲上海「三聞人」。

黃金榮曾經被痛揍。有一次，黃金榮在上海戲館裏唱戲，不料旁邊一個不識相的男子一直像豬叫一樣地喝彩，真是大煞風景，就派人把那個豬頭給收拾了一下，結果那個男子是浙江督軍盧永祥的兒子、「民國四公子」之一盧筱嘉。盧便找人把黃金榮給綁了，聲稱要把黃金榮的眼睛給挖了，弄得黃金榮很沒面子，多虧杜月笙多方活

動，才得以解救。

犀利的陳誠

一九二五年，陳誠指揮炮兵參加第一次東征，他的炮兵連只有幾架舊式七五山炮，炮彈也少得可憐，但是每發都能打中，在關鍵的「棉湖戰役」中發揮了重要作用，使戰事轉危爲安。戰役結束後，有人稱讚他的戰功，陳誠說：「哪裡，都是老天爺自己放的炮，我哪能打那麼準啊！或許是總理在天之靈在保佑我們呢！」

陳誠雖然長得個小，但言語犀利，曾教訓過日本鬼子。陳誠奉命去日本考察，一個日本軍官問：「你那麼年輕就當了將軍，是不是你們中國的將軍都很好當？」陳誠面對對方輕視的態度，反問道：「你們日本的天皇也很年輕，是不是你們的天皇也很好當？」日本人被氣得哇哇大叫，他們心中神聖的天皇就此被捉弄。

日寇瘋狂進犯，中華兒女也不是孬種。有記者見到一個軍人自願去河北組織游擊隊，說中國一定會勝利的。記者問：「那中國勝利後，你打算做些什麼？」軍人連想都沒想，說：「那時候，我已經死了，在這場戰爭中，軍人大多都會死的。」記者一時感動得連話都說不出來，看著軍人堅毅的背影，淚水啪嗒啪嗒往下掉。

一九三八年，日本鬼子從大亞灣登陸，進犯廣東。省長吳鐵城、廣州市長曾養甫、戰區司令余漢謀三個高官跟老鼠見了貓一樣跑得比誰都快，導致廣州淪陷。香港報紙很憤慨，把這三個大老鼠的名字寫成了標題《余漢無謀吳鐵失城曾養離甫》，將他們的嘴臉刻畫無遺，有漢奸還唾了一口：「我啐，連我都不如。」

東方隆美爾

一九四一年，孫立人隨杜聿明遠征緬甸。仁安羌作戰時，英國人被一個步兵連幾百號日軍包圍，七千多個英國軍硬是不敢突圍。孫立人率一個團發起猛攻，將日軍擊退，救出了這七千個寶貝的英軍，事後，英國政府給孫立人頒發了皇家勳章，並授予「東方隆美爾」的殊榮。

一九四二年，杜聿明遠征緬甸戰敗回國，黃維負責點檢。杜聿明素聞黃維是個

鐵面無私的書呆子，爲了通融一下，咬著牙請黃吃飯。會上氣氛很沉重，杜聿明的幕僚爲了活躍氣氛，就說一些毫無營養的話跟黃維搭訕：「今天天氣很好。」黃說：「嗯。」幕僚又說：「風調雨順啊！」黃臉色一沉：「雨順個屁！我老家正發洪水呢！」於是通融一事就此打住。

史沫特萊問楊虎城：「您認爲中國有強大實力抗擊日本嗎？」楊虎城說：「誰能從理論上解答這個問題？日本雖然飛機和坦克很多，但我們中國人的力量就在於我們懂得我們必須抗日。這不是單純的物質力量問題，它需要我們面對現實，有堅強意志，只要我們有堅定的意志，我們就有力量抗戰。」史沫特萊很佩服。

Q 抗日中國魂

張宗昌雖然人很狗血，卻很有氣節。「九・一八」事變後，日本人千方百計拉攏張宗昌，當時張宗昌在日本居住，日本的軍政要員等差點把張的門檻給踩斷了，有的還給錢要張出面幫助日本人。張宗昌身穿大禮服，頭戴大禮帽回到中國，召開記者會，宣布：「咱家可不會鑽煙筒，當漢奸！」

張作霖在東北的統治，使得日本人難以霸佔東北。一九二八年五月十七日，日本又派公使芳澤謙吉去跟張作霖談判，說如果願意加深合作，槍枝免費供應，錢也不是問題。張作霖拒絕接見日本鬼子，張作霖說：「就是老子不要這副臭皮囊，也不能做讓祖祖孫孫抬不起頭來的事。」日本公使聽到後無話可說。

一九二八年五月十七日，日本公使芳澤謙吉在明明知道暗殺計畫的情況下，居然黃鼠狼給雞拜年，去專程拜訪張作霖，逼迫張作霖賣國求榮，可惜張作霖連接見都沒有。張作霖在隔壁大罵：「日本人趁火打劫，真他娘的是畜生！」芳澤謙吉心裏想：過獎過獎，何止是畜生，我們日本人連畜生都不如。

張作霖做了一輩子壞人，但他在對待日本問題上卻很堅決。「皇姑屯事件」發生，張作霖受了重傷回到了瀋陽，張作霖對夫人說：「我已經快不行了，告訴兒子，叫他以國家爲重，說啥也不能投降日本，好好地幹吧！他爹我一輩子沒做啥貢獻，臨死了爲中國人留下一副臭皮囊。讓兒子要抗日啊！」

日本人曾經邀請曹錕出山，組建傀儡政權。當時華北已經淪陷，身負國恥，雖然以前老曹曾經賄選總統，多少有點不太光輝，但這時候，卻表現出了良好的氣節：

「我就是天天喝粥餓死，也不會為日本人做事！」後來「台兒莊大捷」，曹錕聽到後，老骨頭蹦了起來：「我就不信，我們還打不過那小日本！」

「七七事變」後，親日派不斷來遊說徐世昌。曹汝霖來勸，徐拒絕了，他對家人說：「今後他再來，就說我不在家。」日酋土肥原賢二約他，他也不見。日本人又派他的門生章棂和金梁來勸他，徐世昌生氣了：「你們太渾了！」金梁反唇相譏：「老師您才渾哪！」徐頓時流淚，說：「沒想到我一大把年紀了，還遇見你們這群畜生。」拂袖上樓。

「七七事變」後，日本暴民準備衝進中國駐日大使館。日本員警得到消息，事先通知大使許世英，讓他把大門給關了。許世英說：「中國大使館人員決不怕死，日本暴徒要侵入中國大使館，聽其自便，大使館鐵門決不關閉。至於維持治安與否，那是日本員警的事。」遊行隊伍到了大使館，門果然大開著，日本人評論說：「這個許矮子，渾身是膽！」

「七七事變」之後，馮友蘭、吳有訓南下逃難，跑到了河南鄭州。馮友蘭請客吃黃河鯉魚，碰上了熊佛西，三個人於是坐下來聊國恥。熊佛西喜歡養狗，就說到了狗的故事，他說北京有很多人逃難，狗帶不走，只好不管了，可是狗卻一直守在家門口，不肯去其他的地方。馮友蘭說：「這就是所謂的喪家之犬，我們都是。」

國民參政會是我國在抗日戰爭時期，各黨派參政議政的國家機關，華僑陳嘉庚曾經向重慶提議：「日本人只要是沒有退出中國領土，言和者皆是漢奸。」後來這個提議被國民參政會第二次大會通過，後人認為，這是「古今中外最偉大的一個提案」。

一九四一年年底，洪業被日軍逮捕。日本軍官問他：「你為什麼要抗日？」他說：「被逼無奈。你們聲稱要亞洲共榮，這是騙人的。日本吞併了韓國，現在韓國人無論願意與否都被征入日本軍隊，做著卑微的工作。你們是要把中國變成第二個韓國！」第二次審訊時，沒想到那個日本軍官站了起來鞠躬道：「我向一個不怕死敢說真話的人鞠躬！」

一九四三年，山西大同的日軍廣發「英雄帖」，邀請到了當地的三四百個知識份子。等人到齊後，日本人拿出商務印書館出版的《模範英語讀本》，讓大家念一遍，大家就都老老實實地念了一遍。念完了，日本人說：「會念英語的，都是親英美派，皇軍的敵人，一律死啦死啦的！」於是幾百個知識分子就被活埋了。

Q 抗戰四大金剛

抗戰期間也有「四大金剛」。當時馬占山、鄧寶珊、蒙疆宣蔚使朱綬光和第二十二軍軍長高雙成都在榆林駐守，四個人都是癮君子，不僅有牌癮，還有戲癮、鴉片癮。輪流坐莊抽煙打牌，過生日時還要拉個劇團唱大戲。馬占山打獵時炸傷了手，行動都不便，就做了個特製的木尺打牌，以免錯過牌局。陝北人稱這四大癮人為「四大金剛」。

一九四四年，盟軍準備轟炸中國的淪陷區，盟軍司令讓梁思成看看哪些文物建築需要保護。梁思成迅速地交了一張圈了好多醒目的紅圈的圖紙，但他對司令部說：「還有兩個城市我希望能保護，它們不在中國。」盟軍很好奇：「哪裡？」梁思成說：「日本的京都和奈良。」後來因為梁思成的提議，這兩個古城沒有被轟炸，日本很感激。

黃炎培到日本的時候，看到日本國內都在為侵略中國做準備。回到中國後，黃炎培把這事報告給了外長王正廷，王正廷笑著說：「切，人家演戲給你看呢。人家要是真的要侵略我們，怎麼會讓你知道？」黃炎培只好說：「那好吧。」沒多長時間，「九・一八」事變爆發，王正廷被請願的學生圍著打，黃炎培看到了，說：「打得好，打得好！」

黃炎培曾經感動日本特工。黃炎培曾經被當作「學閥」攻擊，只好跑到大連避難。黃炎培在大連受到了日本人的嚴密監視，很是無聊，就每天寫寫字，讀讀詩。一個人突然來拜訪，那個人對黃炎培說：「我是日本特工，來監視先生，見先生每天讀書寫字日子這麼清苦，良心不安，以後我不跟日本人混了，跟了先生你了。」

一九四七年十二月一日，曾經組織成立冀東僞政府的大漢奸殷汝耕被批准槍決。他在監獄裏的時候，每天很淡定，一天到晚念佛，人們都覺得他面對生死很從容。到了執刑的時候，殷汝耕突然大叫了起來：「本人並非叛國，我的心還是向著國家的！」旁邊的劊子手說：「去他大爺的！做了婊子還他娘的想立牌坊！」一槍沒斷氣，又補了一槍。

微歷史大事記

一九三一年九月十八日，日本關東軍製造了「九·一八」事變。

一九三二年二月五日，日軍佔領哈爾濱。至此，東北三省全部淪陷。

一九三二年一月廿八日，日軍開始進犯上海，「一·二八」事變爆發，淞滬抗戰開始。

一九三六年十二月十二日，張學良、楊虎城發動「西安事變」，蔣介石下令全面抗戰。

一九三七年七月七日，日軍發動「七七事變」，日本開始全面侵華，抗日戰爭爆發。

一九三七年八月十三日，中日「淞滬會戰」開始。

一九三七年十二月十三日，日本侵略者佔領南京，實施「南京大屠殺」。

一九四〇年六月十二日，中日展開「武漢會戰」。

一九四一年二月，中國遠征軍赴緬甸抗戰。

一九四五年八月十五日，日本天皇裕仁廣播「終戰詔書」，宣布日本無條件投降。

一九四五年九月二日，日本代表簽署投降書。中國抗日戰爭及世界反法西斯戰爭結束。

第五章

民國文人趣談

「少女殺手」——康有為

「戊戌變法」失敗，康有爲逃到上海太古公司的一艘輪船上。忽然有一個英國人問他：「你就是康有爲嗎？」康有爲回答說：「是。」被帶到一個小屋裏後，康有爲得知光緒已經死了，上海當局也在通緝他，說他用紅丸謀殺了皇上。那英國人說：「我相信你，快跟我下船上兵艦，一會他們就來搜了。」就這樣，康有爲逃到了日本。

康有爲在「戊戌變法」失敗之後，流亡海外，在加拿大成立了「保救大清皇帝公司」，做起了生意。他先是投資房地產，成了百萬富翁，後來還投資銀行，讓別的人把自己的錢投到銀行來，自己好再投資到房地產中，給現代的房地產商做了鼻祖，沒幾年，康有爲就成了房產大鱷加銀行家。

書壇名家李梅庵花了四百塊錢，買到了宋朝陳希夷寫的一副對子：「開張天岸馬，奇逸人中龍。」沒掛半天，康有爲看到後，一借不還。李梅庵去世，康有爲只送來六塊錢奠儀和一副輓聯。張大千的老師曾熙（農髯）要給李家討個公道，他說：

「如果不把對子還給李家家屬，就拿一千塊來，不然就打官司。」最後，康有爲只送了錢。

「清季四大家」之一的詞人鄭大鶴去世了，康有爲打聽到鄭家珍藏著不少宋版書，就藉口祭奠，對鄭氏遺孀說：「大鶴生前答應要送給我幾部書，現在他死了，我今天特來取去，拿來紀念老朋友。」鄭太太看到剛才康有爲哭得也很兇，就打開書櫥，康有爲毫不客氣地拿了許多宋版書籍跑了。就這樣，「康聖人」又騙到了幾本宋書。

康有爲還是年輕人的時候，也曾想通過科舉，混個大官當當，結果屢戰屢敗。他一氣之下，就跑到一個山洞裏參悟人生。有一天，他忽然看見天地渾然一體，光芒耀眼，必定是上天給的暗示：「已當有聖人賦也。」於是出山之後，時刻以孔聖人的標準要求自己，性情大變，還真有孔子的那麼點意思，人稱「康夫子」。

康有爲很會化裝，屢試不爽。張勳去北京「調停」，想要復辟，康有爲也乘火車入京，穿一身藍布大褂，拿把大蒲扇，跟個老農民似的。一下火車就直奔南池子張勳私宅，出謀劃策。復辟「成功」後，康有爲還被賞了頭品頂戴。等到復辟失敗，滿城搜捕張勳餘黨，康有爲又憑著老農打扮，騙過了巡捕，跑回了上海。

張勳復辟時，那些遺老遺少的辮子都很齊整，唯獨康有爲的辮子既短又禿，只有二十公分來長，而且蓬鬆得跟亂草一樣。有一次，有人問他：「康先生，你的辮子怎麼那麼短？」康有爲支支吾吾：「這，蓄五年了……」那人又問他：「辛亥年後，別人都剪髮，爲何你反而要蓄髮？」康有爲厚著臉皮說：「我早料到必有今日也！」

康有爲聽說張勳復辟失敗之後，便把頭髮剃光光，想去北京的法源寺出家，了卻殘生，誰知道半路遇上了巡邏的官兵，他怕自己被認出來，於是急忙躲進了路邊的廁所。誰知道居然「撲通」一聲跌進糞坑。員警巡邏著，他又不敢出來，只好在裏面苦忍，員警走遠後，才穿著臭巴巴的衣服爬了出來。

康有爲寫得一手好字，人稱「康體」。所以經常有人登門拜訪，請他寫字。康有爲對於前來追捧自己書法的人，當然不會回絕，一律大筆一揮，來人都不會空手回去。有一次，一個人來求字，拿了一把扇子，結果康有爲很生氣，說：「扇面不可書也。」那人很失望地走了，康有爲說：「若執扇如廁，字會被熏臭的！」

康有爲是個大情聖，四十九歲的康有爲到美國西部去演講，台下一位十七歲的華僑女孩迷戀上了他，不顧父母反對，做了康有爲的三姨太，後來家裏老婆鬧矛盾搬出來住，五十三歲的康有爲又跟十六歲的日籍傭人好上了，可見康有爲實在是「少女殺

手」。雖然他自己娶了六房老婆，卻提倡別人一夫一妻制，於是罵他的人比螞蟻還要多。

Q 超人一等——梁啟超

梁啓超是康有爲的學生，當時梁啓超想要去臺灣，可是日本人說要簽證，梁啓超說，那就辦個唄。日本人說不給中國人辦。等了五年後，梁啓超終於到了臺灣，看到臺灣的同胞也很想念祖國，就給友人回信說：「日本鬼子真是狗娘養的，竟然不讓華人去臺灣旅遊！」友人回信說：「日本鬼子不是人，世界上誰不知道！」

梁啓超小時候，跟著父親到朋友家做客。他到了人家院裏，看到杏花開得很燦爛，就偷偷折下來一枝。吃飯的時候，梁父當著大家的面讓梁啓超跟自己對對聯，他出的上聯是：「袖裏籠花，小子暗藏春色。」梁啓超一看，曉得自己偷折杏花的事被老爹看到了。想了一想，決定坦承錯誤，對出了下聯：「堂前懸鏡，大人明察秋毫。」

「戊戌變法」使得梁啓超一戰成名。變法失敗後，伊藤博文對日本駐中國公使林權助說：「姓梁的這個青年是個非凡的傢伙啊！真是個使人佩服的傢伙……救他吧，而且讓他逃到日本吧！到了日本我幫助他。這個青年是中國珍貴的靈魂啊！」後來廿六歲的梁啓超流亡日本和歐美各國期間，都被當作中國新政治和知識上的領袖來接待。

袁世凱宣布稱帝，梁啓超很生氣。他寫出一篇《異哉所謂國體問題者》的文章準備發表，袁世凱深知梁啓超爛筆頭的厲害，就送來一張二十萬元銀票，給梁啓超的父親祝壽，想讓梁啓超不發表這篇文章，說：「梁先生流亡多年，何必自討苦吃？」梁啓超冷哼一聲，把銀票退了回去，回道：「我寧願逃亡也不願意在污濁的空氣中生存！」

梁啓超的世界觀。康有爲支持張勳復辟，梁啓超卻支持段祺瑞討伐張勳。有人問梁啓超：「康有爲是你老師，應該情同父子，支持他才是。你爲什麼不支持老師反而反對他呢？」梁啓超回答說：「雖然我們是師徒關係，但每個人都有自己的世界觀，我們兩個的政治觀很早就不同了，我怎麼能跟他一樣掉一個泥坑裏呢？」

梁啓超講課很認真，時常把黑板寫得滿滿的。渴了就喝一口開水，一邊用毛巾擦汗，再對坐在前排的兒子說：「思成，快上來擦黑板！」於是梁思成就跳到講臺上，

乖乖地把黑板擦個乾淨。如果講到下課了還沒講完，他就拖個幾分鐘，然後下面學生巴掌拍得啪啪響，他這才大搖大擺地走出教室。等他走了，學生們才敢下課。

梁啓超對於兒女總是很用心，無論怎麼忙都不忘給兒女來上一封家信。頻率也很高，一天一封。他給兒女們寫信，每次開頭都是「寶貝」、「小寶貝」之類的詞語，或親暱地給他們起個別名，比如喚三女兒思懿爲「司馬懿」，小兒子思禮爲「老白鼻」（**白鼻即ｂａｂｙ的音譯**），真是讓人不得不佩服搞維新的人就是時髦。

梁啓超給徐志摩和陸小曼證婚，證婚詞很犀利。不僅在眾人面前大肆爆料徐志摩做人很失敗，而且用情不專，學無所成等，還說他們這種行爲怎麼怎麼敗壞，千萬不能再離婚讓別人看了笑話。突然感到幾股殺氣，想起來雙方的父母還在後面，就又收了回來：「總之，我希望這是你們最後一次結婚，這就是我對你們的祝賀！」眾人傻眼。

梁啓超提倡趣味主義的人生觀，其實就是給自己貪玩找到藉口。他覺得凡是趣味，當然都是好的，這標準是什麼呢？除了賭錢喝酒和做官，像種地、打麻將、玩藝術、看書之類的都可以叫做趣味。一九一九年，梁啓超從國外回國，有幾個知識界的朋友邀他去演講，他說沒空，那天有四人功課，那人就納悶了，梁啓超說：「那天要打麻將！」

梁啓超雖然是個守舊派，但卻很信賴西醫。一九二六年二月，梁啓超因尿血症一直沒好，不顧朋友反對，堅持要住進協和醫院，把腎割掉。誰知道把腎割掉了，經過檢查，並沒有毛病，醫生說那就是牙齒有毛病，拔了七顆牙，病還沒好，醫生又說，那就是飲食問題，結果把梁啓超餓了幾天，病沒好，把人給餓死了。

東方男神——辜鴻銘

辛亥革命溥儀失業之後，辮子也不流行了。遺老遺少們也都剪了辮子，但辜鴻銘的辮子卻留下不剪。留得好看也行，但辜鴻銘的頭髮卻又少又短，半黃半黑，綁成辮兒只有小指頭那麼粗，彎彎曲曲的醜得要死。但他卻不以爲恥，反以爲榮，因此，這一條小丑辮成爲辜鴻銘的特別標誌了。

辜鴻銘善於運用中國的觀點來批評西洋的社會和文化，能夠搔著人家的癢處，洋毛子們很佩服，對於辜鴻銘相當的崇拜。有一次，辜氏在東交民巷內的六國飯店，用英文講演《春秋大義》，中國人講演從來沒有賣票的，他卻賣票，並且賣得很貴。當

時聽梅蘭芳的戲，最高票價不過一塊二，而他的門票竟然賣兩塊，可見他在洋人中很紅。

辜鴻銘出名，不僅是因爲他很有才，還因爲他很另類。談到這位學界怪傑，周作人曾這樣描寫道：「北大頂古怪的人物，恐怕眾口一詞的要推辜鴻銘了吧。……他生得一副深眼睛高鼻子的洋人相貌，頭上一撮黃頭毛，卻編了一條小辮子，冬天穿棗紅寧綢的大袖方馬褂，上戴瓜皮小帽……」大搖大擺地往那兒一站，活脫脫就是一道亮麗的風景。

辜鴻銘名聲很大，北大請來的那些外國一流洋教授見到他都十分恭敬。而辜鴻銘也不客氣，看見英國人，用英文罵英國不行，看到德國人，用德文罵德國不好，看到法國人，則用法文罵法國不好，把這些世界一流的洋教授一個個罵得心服口服。八國聯軍侵華，辜鴻銘還曾經用拉丁文在歐洲發表了一篇愛國文章，使歐洲人對他相當崇拜。

辜鴻銘雖然很怪，卻有自己的原則。袁世凱當政，一部分的參議員是須由中央通儒院票選的，辜鴻銘有一票。一位姓陳的來讓辜鴻銘投他一票，雙方經討價還價，以四百元成交。人一走，辜鴻銘就把錢花光了。後來，那人趕到辜家大罵他不講信用，辜鴻銘拿起棍子罵道：「你瞎了眼睛，敢拿錢來買我！你也配講信義，你給我滾出去！」

辜鴻銘還是個罵人高手。有一次，外國記者在一次盛大宴會上問他：「怎麼穩定中國現在的政局？」辜鴻銘回答：「辦法很簡單，把在座的這些政客和官僚，統統拉出去槍斃掉，中國的政局就安定了。」徐世昌獲得了法國博士學位，辜鴻銘見到法國公使和名流就說：「我一向瞧得起你們法蘭西，如今居然給徐世昌發了博士學位！」

辜鴻銘在北京時，許多洋人都慕名前來拜訪。洋人說：「到北京可以不看大三殿，但不可不看辜鴻銘。」可見辜鴻銘已經成爲外國友人心中的東方男神。一次，英國作家毛姆來訪，看到房屋裏只有盞昏暗的小油燈，就抱怨說太暗了。辜鴻銘說：「我們中國人心裏亮堂，燈也亮堂，不像你們西洋人只注重外表。」

伊藤博文與辜鴻銘口水戰，結果中方強勢獲勝。伊藤博文問辜鴻銘：「辜先生在國外上了那麼幾年學，難道不知道孔子的學問已經過時了嗎？」辜鴻銘笑了，說：「哪裡，我看孔子之道現在在日本就很流行，本來是三三得九的聖人學說，現在日本人又改良了，我國借款借七萬，你們算九萬，還款的時候，你們竟然算三三得十一，是吧？」

關於男人跟茶壺的關係。辜鴻銘說：「男人是茶壺，女人是茶杯，天天見一個茶壺往那麼多茶杯裏倒水，沒見過好多茶壺往一個杯子裏倒水。」陸小曼曾經對徐志摩說：「你不是我的茶壺，你是我的牙刷，茶壺可以公用，牙刷是我自己的。」於是有人對此評論說：「做茶壺，好累；做男人，更累。」

辜鴻銘的思想說新不新，說舊也不舊。辜鴻銘曾經在《北大教授回憶》上說：「現在沒了皇帝，倫理學這門課也可以不講了。」於是有的人認爲他太守舊了，是個老古董，復古倒退的守舊人物。可是後來張勳搞起了復辟，辜鴻銘在外交方面很賣力，梁敦彥推薦他做外部侍郎，守舊的張勳則說：「辜鴻銘太新了，哪能做侍郎?」

辜鴻銘在北大上課，屁股後面還拖個辮子。學生們上課的時候，每當看見這根辮子，就嘲笑他食古不化。辜鴻銘說：「我頭上有辮子，是因爲你們心中有辮子。」結果從此都沒人再說了。有人說，辜鴻銘就是一個與眾不同的人，別人接受什麼，他就反對什麼，如果每個人都有辮子，那麼老辜一定會第一個剪了辮子。

辜鴻銘喜歡沒事就評論各個國家的優劣。他曾經在美國的《紐約時報》上，發表了一篇名爲《沒有文化的美國》的文章，公然抨擊美國除了愛倫·坡的一首詩比較好外，其他的都跟白菜幫子一樣索然無味。在北大時，他又跟學生們談起歐洲各國，他說：「法國人做的麵包比別的國家好吃，德國女人的身材也比較好……」

胡適寫了一篇文章，裏面有關於辜鴻銘的糗事。辜鴻銘看到了，強烈要求胡適在報紙上公開道歉，說他侵犯了自己的肖像權，一定要討個說法，要不就法庭上見。可是停了大半年，胡適都沒等到法院的傳票，就去問辜鴻銘：「老弟，爲啥沒遞狀子啊？」辜鴻銘裝模作樣地說：「胡老哥，以後能不能不毀壞我的形象啊！以後我還怎麼娶老婆？」

辜鴻銘很尊重校長蔡元培。北大開教授會，會場很混亂，大家都搶著說話，這時蔡元培也站起來了，辜鴻銘看見了就大聲說：「現在請聽校長吩咐！」「五四運動」時，大家都討論挽留蔡元培，大家都覺得應該挽留，卻說了一大堆沒有營養的話。辜鴻銘只說了一句他的理由：「校長是我們學校的皇帝，所以非挽留不可。」

辜鴻銘雖然人很古怪，卻也有怕老婆的通病。民國有很多叫花子，有一次叫花子又來到門前，辜鴻銘又大方地給了錢，結果他老婆拿起碗來往他頭上扔去，辜鴻銘被嚇壞了，以後再也不敢無度地做慈善了。每當學生們談起他怕老婆的這些事，辜鴻銘總是給自己辯解說：「老婆不怕，還有王法嗎？」說完自己也笑了。

辜鴻銘深深迷戀小腳女人，說纏了小腳的女人走起路來，婀娜多姿，這可以和西

洋女人穿高跟鞋媲美。裹上腳步的腳，透露出一種神秘的美感，而且走起路來腰椎骨向前屈，會產生一種柳腰款擺、婀娜多姿的魅力體態。天長日久，就會自然地流露出一種所謂的風姿萬千的儀態美，美其名曰「寸寸生蓮步」，讓男人看了都禁不住春心蕩漾。

一九一三年，袁世凱向匯豐銀行等六國銀行團搞貸款。銀行方面拉辜鴻銘去做翻譯，辜鴻銘獅子大開口，出場費就要六千大洋，但是銀行也沒辦法，只得給這位精通英、法、德、拉丁、希臘、馬來亞等九種語言，獲得了十三個博士學位，學貫中西的辜鴻銘送上銀子。完事走人的時候，老辜說：「銀行家就是這樣狠，下雨偏給你收走傘！」

辜鴻銘和嚴復、林紓等出席一個宴會，但他並不認識兩人。正在吃飯的時候，辜鴻銘突然說：「如果我有權在手，一定要把嚴復和林紓二人殺掉。」嚴復沒說話，林紓問道：「何以見得？」辜鴻銘說：「嚴復翻譯物競天擇的《天演論》，搞得人們都去打仗了，民不聊生；而林紓翻譯了《茶花女》，小青年又都去談戀愛了，天下不太平。」

辜鴻銘雖然是個留過學的洋博士，但他卻喜歡穿長衫。他經常去一些煙花場所晃悠，搞回來一些妓女的手帕。上課的時候，他一邊用英語罵人，一邊從這些五顏六色的手帕中，突然掏出一顆花生來，塞到嘴裏。什麼時候講的得意了，大咧咧地嚼著花生，又開始哼上兩句小曲，下面的學生都快要笑瘋了。

辜鴻銘是個狂人，喜歡對那些權貴評頭論足。他評論的對象，上到太后、皇帝，下到維新領袖，一個不漏。慈禧太后過生日，他當眾喊道：「天子萬年，百姓花錢。萬壽無疆，百姓遭殃。」袁世凱死了，他又大肆慶祝。最牛的是他對那些還當權的活人也敢大肆評論，也敢甩開嘴皮子開罵，實在是佩服。

辜鴻銘對「改良」二字非常討厭，看見了心裏就不舒服。他到了北大，在開學典禮上，他說：「現在的人作文用詞很不恰當，比如說『改良』一詞吧，以前的人都說『從良』，現在說『改良』，你既然已經是『良』了，你還改什麼？你要改『良』爲娼嗎？」下面的人聽了這番獨到的見解，都笑成了一片。

辜鴻銘特別喜歡逛妓院，常駐辦公地點八大胡同。辜鴻銘說：「西方人若是想研究真正的中國文化，不妨到八大胡同裏看歌妓，在她們身上可以看到中國女性的端莊、羞怯和優美。」林語堂聽見了，說道：「精闢！因爲那些歌妓跟日本的女優一樣都會臉紅，而近代的大學生已經不會了。」

辜鴻銘曾經在英國留學，每當到清明、端午等重大傳統節日的時候，辜鴻銘就開始有板有眼地在房間裏擺上祭台，把豬頭羊腿外加一瓶二鍋頭擺上去，對著東方遙祭祖先。房東太太看見了，就損他：「嘿，小夥子，怎麼沒見你的祖先來享受你的大魚大肉啊！」辜鴻銘說：「我還沒見你祖宗從墳裏出來拿走鮮花呢！」房東太太灰溜溜地走了。

民國時，外國人在中國就像個洋菩薩一樣，到哪都有人供著，辜鴻銘決定展現中國人的風采，羞辱一下白人。有一次，他去電影院看電影抽菸沒帶火，就用一尺長的菸斗和一寸長的指甲敲著前面那位蘇格蘭人的頭，藐視地說：「小子，上火。」那個外國人嚇壞了，以爲遇見了黑社會老大，乖乖地給老辜點上了菸鍋，老辜回去差點笑趴下。

辜鴻銘既會講英國文學，又鼓吹封建禮教。他當北大教授時，有一天，他和兩個美國女士講解「妾」字，他說：「『妾』字，即立女；男人疲倦了，手靠其女也。」這兩個美國女士一聽，反駁道：「那女人疲倦時，爲什麼不可以將手靠男人呢？」辜鴻銘從容申辯：「你見過一個茶壺配四個茶杯，哪有一個茶杯配四個茶壺呢，一樣道理！」

辜鴻銘是北大的一大才人，一向很自信，說自負也不爲過，但是他對於校長蔡元培特別尊敬。辜鴻銘曾對羅家倫說：「現在中國只有兩個好人，一個是蔡元培先生，一個是我。因爲蔡先生點了翰林之後不肯做官而去革命，到現在還是革命，我呢？自從跟張文襄（之洞）做了前清的官之後，到現在還是保皇。」

辜鴻銘很出名，北大聘請來的外國學者，無不知道他的大名，都很尊敬，他也不客氣，見到哪國的洋毛子就用哪國話罵他。有一次，新來了個英國教授，不知道深淺，看著辜鴻銘有點土就想笑。辜鴻銘最開始用一口純正的英語問他，後來用拉丁語同他交談。這英國教授頓時結結巴巴，辜鴻銘說：「你教西洋文學？不懂拉丁文？」英國教授大窘。

辜鴻銘在歐洲時，有一次坐在汽車裏，捲著褲管欣賞風景。旁邊有幾個年輕洋人見他那模樣，就沒禮貌地評論他。辜鴻銘沒說話，隨手拿起一份報紙看。那幾個洋毛子看見了，笑了起來：「這個老土，連ABC都不懂，還看報，把報紙拿反了都不知道。」辜鴻銘淡定地以純正的牛津腔標準英語說：「這英文太簡單了，不把它倒過來看，還有什麼意思？」洋人臉紅了。

Q 最早刊登徵婚啟事的名人——章太炎

一九〇六年七月，東京留學生開會歡迎章太炎獲釋出獄到日本，章太炎在歡迎會上說：「凡是那些非常的議論，都是精神病才能說出來的，因爲不是神經病的人不敢說。那些古今以來成大事的，必得有神經病，才能做到……兄弟我承認自己有神經病，也願各位同志，每個人，都有一兩分的神經病。」於是他又有了一個「章瘋子」的綽號。

一九一一年，各位大人物都在爲一件事忙得不可開交，章太炎決定把這件事作爲自己的第二件事來做，這件事就是選國旗。孫中山的青天白日旗、黃興的井字棋、袁世凱的龍旗、黎元洪的十八星旗……一時間花花綠綠的，比賣衣服的還要亂，這時，章太炎發揮了自己的驢性，堅決要求用自己的五色旗，最後大家拗不過他，賣了他個面子。

章太炎其實和孫中山關係不錯，當年他從牢裏放出來去日本的時候，還是孫中山迎接他的。孫中山也很夠義氣，找了橫濱幾十個義士來爲章太炎接風洗塵。酒桌上，幾十個人灌一個，一般人早躺下了，不過，章太炎硬是喝了七十多杯都沒有醉，一個人喝倒了一群人。後來大家見了他就不跟他喝酒了。

章太炎和孫中山兩人關係變不好，是因爲經濟糾紛。章太炎被孫中山聘爲《民報》的主編，每天的經費都處於緊張的狀態。後來清廷給日本施加壓力，日本就給了孫中山一萬五千元送他回國，走時只給章太炎留了兩千元。章太炎很生氣，次年十二月，日本政府封禁《民報》時，章太炎發誓：「此後不再與聞《民報》之事。」

一九一二年七月，黎元洪邀請章太炎到武漢觀光，章太炎受到了總統級別的待遇。黎元洪一路上一直說章太炎的好話，章太炎心裏也很高興，大讚黎元洪生活簡樸，言辭簡明，態度穩重，待人溫和，甚至還認爲，武漢這種地方必然也是賢德女子的誕生地。這個時候他剛好亡妻待續，於是在湖北徵婚，非湖北姑娘不娶。

章太炎還是最早刊登徵婚啓事的名人。有人問他徵婚的條件，他說：「別人娶老婆都是當飯吃的，我娶老婆則是當藥用的。湖南湖北的最好，安徽人也可以，廣東的我聽不懂她們說話，外國人，滿足不了……」後來一直沒有人願意跟他，蔡元培看他可憐，就介紹了湯國梨女士給他，結果婚禮那天，連皮鞋都不會穿，左右不分，下面的人都笑了個半死。

一九一五年，袁世凱一心想當皇帝，章太炎寫了一封信，開口大罵袁世凱不守信用，違背當初就任總統時的誓詞，簡直畜生不如。袁世凱收到信後，很不爽，想找人把章太炎給做掉，但又害怕輿論太厲害，就安慰自己說：「章太炎是瘋子，我何必跟他認真呢？」

章太炎很喜歡評頭論足，看見什麼就評論一番。章太炎去北京，路過新華門的時候，擦了擦自己的眼睛，高聲讀道：「新莽門！」袁世凱知道了，就以把自己比作王莽、大不敬的罪名把章太炎給軟禁起來了。王闓運也從那兒經過，喊得比章太炎還大聲，袁世凱卻不敢說什麼話。章太炎很鬱悶，感慨地說：「似乎有點不公平啊。」

章太炎被袁世凱軟禁，雖然袁世凱還給章派了幾個保姆，但這日子畢竟不怎麼自由。時間長了，章太炎精神開始有些壓抑，經常在書桌旁邊寫上「袁世凱」三個字，每當吃飯前都要往上面打上幾拳。由於力的作用是相互的，每次章太炎都是胳膊疼，但章太炎說：「袁項城心狠，囚我於籠中，不打不足以洩憤。」

章太炎被袁世凱軟禁在龍泉寺。時間長了就想不開，決定絕食餓死。他的學生吳承仕、錢玄同等忙來探望，讓他吃東西，他都不聽。最後，吳承仕說：「劉表要殺禰衡，不想挨罵，所以借黃祖這把刀殺他。袁世凱比誰都精，他不必勞駕什麼黃祖，讓你自己就餓死自己嘍。」章太炎一聽，腦子轉過彎來了，馬上端起碗埋頭猛吃。

袁世凱抓了章太炎之後，弄了八條準則保護他。第一，吃喝上不計經費。第二，關於時局的文字統統銷毀。第三，他毀壞的物品，一律再買。第四，嚴禁善於挑撥的小人進出。第五，只要是與政府無關的人員，任其來往。第六，早晚巡視，以免發生意外。第七，有許可證方可見他。第八，保護責任權授予陸建章。陸建章表示也想被抓。

章太炎每天只知道讀書，在外面是個路癡，他在大學的同事黃人也是一個癡人。有一天，這兩個癡人出去喝茶，到了結賬時發現都沒帶錢，兩人討論後，決定把章太炎留下做人質，黃人回去取錢。結果黃人回家後，收到了朋友寄過來的一本書，興趣來了，看著書陷入了癡迷的境界，所以章太炎就悲劇了。

章太炎之所以被拘禁，是因爲他砸了大總統的畫像。那時「章神經」還跑到總統府大鬧，又對著袁世凱一頓臭罵，袁世凱就把他抓了。有人問：「袁總統有精兵十萬，何必害怕他一個老書生？」袁世凱說：「老章的文筆，可以橫掃千軍萬馬，也很可怕啊！」於是老章就被以「瘋子病發違禁」的罪名被軟禁起來。

章太炎被袁世凱弄到北京龍泉寺當鳥養，不讓他出去，也不可以隨便見人。袁世

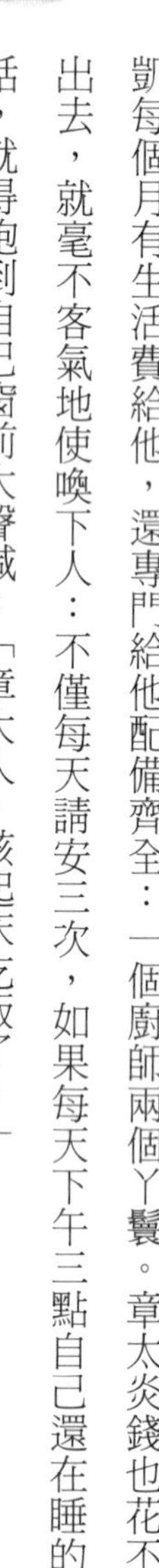

凱每個月有生活費給他，還專門給他配備齊全：一個廚師兩個丫鬟。章太炎錢也花不出去，就毫不客氣地使喚下人：不僅每天請安三次，如果每天下午三點自己還在睡的話，就得跑到自己窗前大聲喊：「章大人，該起床吃飯了！」

章太炎跟王安石一樣，酷愛學習，衣食住行都不怎麼講究。袁世凱把他軟禁在龍泉寺，還給他配了幾個廚子什麼的下人。每次廚子問要做什麼菜，章太炎只能想到兩種：一是蒸蛋糕，一是蒸火腿。因爲雞蛋很普通，火腿在南方也很普遍，除了這兩樣之外，他實在是想不出還有什麼能吃的。於是一天三頓都是蒸蛋糕、蒸火腿。

蔡元培從外國留學回來的時候，曾到上海章太炎家蹭飯。兩人吃飽喝足，章太炎就問：「小蔡啊，聽說你留學多年，學得怎麼樣啊？」蔡元培淡定地說：「騙別人還是小意思，騙自己是不行。」章太炎吃了一驚，心想蔡元培這麼出名，怎麼會這麼菜，就讓他解釋一個最簡單的哲學，蔡元培說：「不知道。」人走後，章太炎說：「看來真不會。」

章太炎有個學生叫黃侃，雖然年齡不怎麼大，卻結了九次婚。因爲他很有才，所以有的女子仰慕他的才學，仍然勇敢地獻出了自己的身體。黃侃雖然寫的東西很好，但產量卻很低，章太炎催他寫東西，他總是說：「到了五十歲之後再說吧！」好不容易黃侃四十九歲了，章太炎高興的給他過生日，讓他寫書，可是黃侃不久就死了，還是沒寫成。

章太炎年輕的時候很能跑，天涯海角都去過，可是老了就不怎麼跑了。但「九．一八」事變後，章太炎不顧炮火，挺著一把老骨頭一路北上。等到了北平，他就派人到清華找他的學生劉文典，劉文典一聽恩師喊自己，就趕緊進城拜見。章太炎摸摸劉文典的頭說：「文典，你真好！」劉文典嗯了一聲。章太炎又繼續說：「跟賣國賊一樣好！」

章太炎說話沒有個把門的，經常想罵誰就罵誰。他罵起人來太狠，一些老是被他罵的人就給他起了個外號，叫做「章瘋子」，每天說瘋話。每當章太炎在報紙上又開始罵人的時候，報社的題目就定爲《章瘋子大發其瘋》。有一次章太炎換口味了，把被貶的那些人的老對頭罵了個狗血噴頭，第二天報社的題目又改成了《章瘋子居然不瘋》。

章太炎曾經兩次去日本，投身於《民報》的創辦工作。有一天，日本居委會的人到他住的地方進行人口普查，章太炎說自己不是常住人口，日本人說，就是臨時人口也得登記。於是章太炎在日本人的戶口調查小本上，寫下了這麼一行字：「職業：聖

人；出身：私生子；年齡：萬壽無疆。」日本人也看不懂漢字，就真拿著回去了。

章太炎很博學，對醫術懂兩招，於是他經常給人開方子治病。有一次，一個朋友來看望他，結果章太炎看到他，就說：「你生病了，我給你開一個藥方吧。」朋友拿著藥方回去後就要去抓藥。有人問他：「誰給你開的藥方？」朋友說：「章太炎啊！」那人說：「扯淡！別人開的方子我信，他開的方子，那能信嗎？」

章太炎最喜歡吃臭的東西，越臭他越喜歡吃。有一個畫家錢化佛，聽說章太炎好這一口，就帶了一包臭雞蛋去見章太炎。章太炎眼都笑沒了，吃人家嘴軟，就說：「你要寫什麼，儘管講。」於是錢化佛又經常帶一些臭氣熏天的東西給章太炎，把章太炎寫的字裱好，十塊錢一條賣了，賺了不少錢。

章太炎在上海「愛國學社」任教時，和另一位教員蔣維喬合住一間出租屋。章太炎菸癮很大，通常是一根接一根。一天晚上，他沒錢抽菸了，就寫了一張借條跟汪允宗借錢買菸。蔣維喬瞅見欠條上面寫道：「今已不名一錢，乞借銀元兩枚，以購香菸。」蔣維喬說：「為啥不多借一點呢？」章太炎回答說：「他只有兩塊錢的交情。」

章太炎除了做學問，還喜歡說自己家鄉的方言。尤其是見到那些他覺得親近的人，總是滿口方言，表示親切，拉近彼此語言和心靈的距離。段祺瑞在上海時，章太炎經常去拜訪他，但是後來，段祺瑞對下人說：「以後別讓章太炎來了，他一口外國話，一句都聽不懂。」有見過世面的人說：「他說的是餘姚土話，只不過連翻譯也聽不懂。」

歷史學家顧頡剛去章太炎家串門。談話時，話題轉到了西方的科學實驗上，顧頡剛大談西方科學實驗是多麼的進步，它強調一切事物必須親眼所見，才算靠譜。章太炎覺得真是盲目崇拜，問顧頡剛：「你有沒有曾祖？」顧頡剛回答說：「老師，我怎麼會沒有曾祖呢？」章太炎說：「你真有嗎？你親眼看到了你的曾祖嗎？」顧頡剛無語了。

一九一二年，袁世凱任命章太炎爲東北籌邊使。這本來就是一個有名無實的名譽長官，但章太炎是個書呆子，不瞭解這一套，屁顛屁顛地跑到長春去上班，還以長官身分召見地方軍政官員，結果可想而知，沒人當回事。章太炎很生氣，大罵道：「這些地方官竟敢目無本使，不把我這個民國長官放在眼裏，簡直是不把村官當幹部！」

章太炎有個「天字第一號國學大師」的稱號，爲什麼這麼喊他呢，因爲他不只是國學大師，閒的時候還操心革命，是個不合群的大師。他講課喜歡用古字、冷僻字、

異寫字，所以一般人都聽不懂也看不懂他講的是啥。而且他當時講課一講就是四個小時，中間不帶下課的，學生們每上他一堂課，總是要提前上個廁所，備好乾糧。

章太炎上課架子很大。想聽他上課的人太多，沒法滿足要求，於是乾脆上一次大課。他來上課，五六個弟子陪同，有馬幼漁、錢玄同、劉半農等，都是一時俊傑、大師級人物。老頭國語不好，由劉半農任翻譯，錢玄同寫板書，馬幼漁倒茶水，派頭相當大。老頭也不客氣，開口就說：「你們來聽我上課是你們的幸運，當然也是我的幸運。」

三瘋子黃侃

黃侃在北師大教書，租的是吳承仕的一棟房子。後來黃侃的小兒子生病死了，黃侃覺得是房子風水的問題，就在牆上將所有關於鬼的字全寫了上去。他走前還爬到梁上，用毛筆寫了「天下第一凶宅」幾個字。吳承仕很冤枉，覺得黃侃太欺負人了，去討個說法，但黃侃態度很強硬：「你要再說話，先賠我兒子來！」

黃侃恃才傲物，什麼都不放在眼裏，所以眼光高，脾氣也大。有一次，他收到一封匿名信，說他駢文作不過李審言，經學趕不上皮錫瑞，還裝個啥啊？他讀後頓時感覺權威受到挑戰，頭髮都根根豎起，他懷疑是自己班上的學生們寫的，問：「是不是你們哪個兔崽子寫的？」台下學生頭搖得跟撥浪鼓一樣。黃侃仍不甘休，在上課時大罵十日。

黃侃給錢玄同起了個外號叫做「錢二瘋子」，並寫了一首詩：「芳湖聯蜀黨，浙派起錢瘋。」借此打擊錢玄同的行爲智商。一九三二年，黃侃和錢玄同都在北京，有一天，二人在章太炎住處的客廳裏碰面了，和大夥一塊等候老師章太炎出來，黃侃突然淘氣地對錢玄同說：「二瘋！」弄得錢玄同在眾人面前很沒面子。

黃侃是國學大師章太炎的高徒。他的性格和他的狂師父一樣天馬行空，狂蕩不羈，典型的驢脾氣，黃興罵他：「害了神經病。」而他的師父章太炎有個綽號叫做「章瘋子」，當時因經常不修邊幅、衣衫不整、不洗臉、不理髮、活跟一個瘋子一樣的劉師培也被人們歸到一路上，他們三個被稱爲「三瘋子」。

黃侃在武昌高師任教，元配去世了，跟續弦老婆也分居了。學校有個學生黃菊英和他大女兒是一屆的，常到他家來玩，每次都喊他老師。黃侃對這個女學生也很好，誰知道日子一長，黃侃老牛吃嫩草，兩個人到一塊去了。沒幾個月，二人突然宣布結

婚。朋友們說：「人言可畏啊！你不考慮考慮？」他說：「一把老骨頭了怕什麼。」

黃侃是個很貪吃的人，喜歡喝酒賭博。有一次，他在北京大學跟學生大聊特聊，學生正聽故事聽得入神，黃侃突然停下來不講了，對同學們說：「這段古書後面藏了一個天大的秘密，想知道嗎？」學生們當然說：「想！」這時黃侃來了一句：「對不起，因爲北大的這點工資不值得講，咱們到飯館請我吃飯，進一步說話。」學生……

黃侃爲了自己的清靜，在門上掛了個小木牌，上面寫道「座談不超過五分鐘」，所以來拜訪的男學生都是來一會就走了，後來來的人就越來越少。有一次，女學生舒之銳和程俊英去黃大仙那裏借書，見到木牌上寫的字，就準備往回走。黃侃厚著臉皮說：「女生不在這個範圍，多坐一會也沒關係。」

有一段時間，胡適也在北大教書，出去吃飯的時候和黃侃坐一桌。胡適談論古今，提到了墨學，還沒開始長篇大論，黃侃就在旁邊說：「現在講墨學的，都是烏龜王八蛋！」胡適正要說話，結果黃侃又說：「就是胡適他老爹，也是烏龜王八蛋！」胡適起來就要跟黃侃幹架，黃侃說：「墨學不是主張沒有爹嗎？那你怎麼還要打我？」胡適很無語。

京劇大家譚鑫培紅遍京城，大學也不例外。有一天，下課休息的時間，教師們也開始八卦，說到了譚鑫培的《秦瓊賣馬》，胡適在旁邊哼了一聲，說道：「京劇真落伍，甩根鞭子就是馬，兩把旗子就當車，應該用真車真馬才對！」眾人一時無語，都豎著耳朵沒人說話。這時黃侃裝可憐地說：「適之，適之，唱武松打虎怎麼辦？」全場爆笑。

黃侃有個學生，在「同和居」請客。他聽見黃侃在隔壁，就趕緊過去問好。不料黃侃抓住他猛批一頓，這個學生所請的客人已經在隔壁房間到齊了，黃侃還不放他走。這個學生心生一計，就把大堂經理叫來說：「今天黃先生在這裏請客，無論花多少錢都記在我的賬上。」黃侃一聽這話，樂歪了，就對那個學生說：「好了，你走吧。」

黃侃去拜訪文壇大腕王闓運，雙方一番客氣後來到客廳上茶。王闓運早就聽說過黃侃，對他的詩文很是讚賞，於是放下茶杯誇讚道：「你現在這麼年輕，文章就有這樣的成就，我兒子和你一樣大卻還是一竅不通，真是個草包啊！」黃侃聽了後神采大發：「您老先生尚且一竅不通，是個大草包，更何況您的兒子呢！」

有一天，上課鈴響了，大家把坐姿擺好了等老師黃侃來上課，可擺姿勢都快要擺到下課了，還不見黃侃老兒過來，就去報告教務處說黃侃想偷懶。教務處知道黃侃

又開始耍大牌了，來到教師休息室，請在那裏打呼嚕的黃侃去上課。黃侃瞇著眼看看天，冷冷地說：「我上課了，工資怎麼就曠課了呢？」結了工資，這才去上課。

黃侃是個大滑頭。有一次他饞蟲又犯了，聽說有幾個認識的同盟會會員在一起就餐，有很多好吃的，可人家沒有請自己不算，自己還罵過其中的好幾個人。但還是憑著厚臉皮進去了，人家一見他來只好客氣幾句，裝得很熱情地請他就坐。黃侃毫不客氣大吃一頓，臨走的時候，托著滾圓的肚子說：「你們這群王八蛋！」說完跑得比兔子還快。

黃侃把劉師培請了過來，訂了一桌上好的酒菜，點上蠟燭香火，把劉師培往上座上一摁，三拜九叩，從此，大他一歲的劉師培就成了他的老師。別人問他：「你的學問跟他差不多，年齡也差不多，為什麼要請他當自己的老師呢？」黃侃回答說：「《三禮》是劉氏絕學，現在劉師培就快要死了，我不這樣做，怎麼把它弄過來呢？」

胡適極力推崇白話文，黃侃就跟他對著幹。一次黃侃見了胡適，就說：「你推崇白話文肯定不是真心的。」胡適說：「怎麼會！」黃侃說：「那你為什麼不把你的名字改了？」胡適說：「我的名字也有錯嗎？」黃侃說：「既然你對白話文那麼真心，爲什麼不把你的名字『胡適』改爲『往哪裡去』?!」胡適……

黃侃尊崇文言文。一天，黃老師給學生講課，談起了老對頭胡適和白話文。黃侃說：「同學們，你們知道白話文和文言文的區別嗎？」同學們頭搖得跟撥浪鼓一樣。黃侃又說道：「其實兩者，咳，就像胡適他老婆死了，發電報給老胡，文言文只需『妻喪速歸』，而白話文就要說『你的太太死了，趕快回來啊』，光電報費都貴兩倍！」

暨南大學師生出入校門，都得把一枚徽章掛在自己的胸前，作爲通行證。黃侃是頭倔驢，他偏不。黃侃去上課，門衛不讓他進：「你的徽章呢？」黃侃說：「我是黃侃！」門衛臉耷拉下來了：「什麼黃侃，就是綠短袖也不行！」黃侃扭頭就走：「我就是不戴那玩意，不讓我進我還就不進了！」最終黃大仙如願以償，成了免檢「產品」。

糖僧蘇曼殊

蘇曼殊有點神經質，他喜怒無常，一會哭泣，一會又唱歌，看見一個人，也會眼

睛都不眨地看好幾分鐘，於是人送外號「蘇神經」。他這個人很怪異，吃飯有時比好幾個人吃得都多，有時又好幾天都不吃東西。抽菸和吃糖是他唯一的愛好，他曾經為了吃糖，把金牙敲下來換了糖吃，於是又得了「糖僧」的外號。

蘇曼殊不善於理財。有一次，他生病住院了，每天花錢還是大手大腳的，一點也不知道節省。到了出院那天，把貼身的衣服都給當掉了，還是交不齊醫藥費，只好光溜溜地躲在被子裏不出來。有個朋友來看望他，看到這副驚人的狀況，問道：「怎麼了？」蘇曼殊回答說：「衣服都當出去了，總不能不穿褲子走出去吧？」朋友暴汗。

蘇曼殊十二歲時離家出走，打算去尋找自己的親生母親。不料半路上遇見了贊初法師，贊初看他可憐，決定讓他隨自己皈依佛門。於是蘇曼殊平生第一次出了家，在廣州六榕寺吃齋念佛。可是沒停幾個月，蘇曼殊就被佛門開除了。原因是他六根不夠清淨，讓他外出化緣，他卻把人家鴿子逮住給殺著吃了，殺了生犯了佛門重戒。

蘇曼殊是一個怪胎，來無影去無蹤。有可能你正吃飯的時候他就來了，也有可能打麻將正好湊齊了的時候走了，給你留下個「三缺一」，總之他就是個怪人。白雲庵的周和尚說，他總是很窮，老是跟和尚借錢，然後匯到上海的一個妓院，過不了多少天，便有人從上海帶來一堆糖果和紙菸，於是他就不想吃飯了。獨個兒躲在樓上吃糖、抽菸。

蘇曼殊是個怪人，喜歡暴飲暴食。有一次，他去易白少家做客。到了吃飯的時候，飯食很豐盛，易白少讓他多吃點。蘇曼殊一口氣吃了一碗炒麵、兩盤蝦、十個春捲，完了又塞嘴裏很多糖果。易白少以爲他是餓的，就說：「明天再來啊。」蘇曼殊卻說：「不行，吃多了！明日我肯定要生病了，後日估計也不行，最少也得三天後再來。」

賺錢迅速的魯迅

魯迅在大家眼裏一貫是很嚴肅的，但他其實也有可愛的地方。他住在紹興會館時，夜晚和弟弟周作人老是被叫春的貓吵得睡不著覺，兩兄弟就會搬張凳子，拿根竹竿，爬到院牆頭上，來個棒打鴛鴦。有一次，沈尹默前去看望魯迅，看見他正拿著一個小彈弓瞄準，順著方向一看，原來是有人在牆邊隨地小便，魯迅正在瞄準他的屁股。

魯迅在仙台學醫，有一次看了日俄戰爭的幻燈片，片中那些「體格健壯而神情麻

木」的中國人，以及周圍日本同學的嘲笑，讓他大受刺激，於是決定棄醫學文。他後來回憶道：「從那以後，我就覺得學醫人不如醫國，長得再壯，思想上愚蠢一樣是草包。文藝運動能改變他們的精神，爲了拯救世人，我只好棄醫從文。」

魯迅從日本回國，但爲了自己的弟弟繼續上學，不得不過著艱苦的日子。好不容易在杭州應聘上了化學和生物老師，無奈校長是個恪守古規的「木瓜」，魯迅辮子不夠長，衣服不夠復古，所以不得不離開，窮得把祖傳的地都賣了，錢還是不夠花，這時弟弟周作人要錢還想學法語，魯迅急了：「法語不能換米麵！以後再說！」

魯迅時來運轉，到了北京，工資一路見漲。由以前的三十元「軍用券」，變成了兩百二十元銀元，到了一九二五年，已經是月薪三百六十元大洋。如果按一銀元四十元來算，魯迅的平均年薪也有十一萬，當時大米才一塊錢，於是魯迅坐在十幾噸大米中間，對弟弟說：「咱現在有錢了，你再去學法語吧！」周作人表示很生氣。

魯迅經常給報社投稿，賺點稿費，生活也很安逸。可是稿子投上去了，編輯按字數算稿費時，不給算標點符號的錢。後來報社再來索稿，魯迅就送過去一篇沒有標點的稿件，編輯很鬱悶，請魯迅補上標點。魯迅說：「標點不需要費事啊？爲什麼不給算稿費呢？」編輯以後乖乖地給補上了標點符號的錢。

魯迅曾在廈門大學任教，校長林文慶很摳門。有一次，一身銅臭氣的林文慶在開會時，要把辦學經費再砍掉一半，教授們很反對。林文慶點著桌子說：「學校的經費是有錢人給的。所以，只有有錢人才有發言權！」魯迅站了起來，從懷裏掏出兩個銀幣，「啪」地一聲拍在桌子上，牛氣地說：「我有錢，我也有發言權！」

魯迅和弟弟周作人沒有分家時，老是入不敷出。魯迅每個月工資是三百元，還有其他收入，和弟弟兩人的收入比一般人要高十幾倍，但還是月月光，爲什麼呢？因爲魯迅雖然很簡樸，出門最多是黃包車，而周作人卻搞得很奢侈，都是坐汽車出入，還養了一大堆僕人。魯迅不得不感嘆地說：「自己黃包車運來的錢，怎敵得過轎車運走的快？」

魯迅曾經說過，如果把韜略比作一間倉庫，陳獨秀先生的倉庫就是外面豎一面大旗，上面醒目地寫道：「裏面都是武器，危險請勿靠近！」但那門卻開著，裏面有幾支槍，幾把刀，一眼就都看見了，用不著提防。胡適先生的是緊緊地關著門，門上黏一條小字條道：「內無武器，請勿疑慮。」實際上相當危險。

魯迅的兒子周海嬰生性活潑，魯迅很受折磨。有一次，周海嬰問他：「爸爸可不可以吃啊？」魯迅只好回答：「要吃是可以的，還是不吃的好！」停了一段時間又

問：「爸爸！為什麼你晚上不睡覺，白天卻睡覺？」「爸爸，你幾時死了？」要是回答不夠滿意，小海嬰就批評魯迅：「這種爸爸，什麼爸爸！」

魯迅對歷史人物的評價跟傳統的說法很不同。像說到秦始皇，魯迅說：「史書是靠不住的。歷代王朝，統治時間長的，都是本朝的評論，當然要誇了；統治時間短的，就很容易被貶為『暴君』，因為評論者是另一個朝代的人了。秦始皇，就是吃了秦朝活得不長的虧。」談到曹操時，他說：「像禰衡那樣狂妄的人，我若是曹操，早就把他殺掉了。」

魯迅做了中山大學的教師，有學生創辦了一個「新中國」文學社，讓魯迅給他們寫稿子，好有賣點。魯迅不幹，讓他們自己創作，找銷路。學生很悲觀，說這樣連有人看都沒有，估計一份報紙都賣不出去。魯迅說：「要賣很容易，你們可以寫文章來罵我，肯定很暢銷。」

一九三四年，蕭紅失戀了，每天都去魯迅家，一待就是一天。一天下午，魯迅正在寫書，蕭紅走到他的跟前，魯迅從椅子上站起來，熱情地說：「好久不見，好久不見！」蕭紅流下了三行汗，詫異地說：「我上午剛來過啊！就算你忘了，可是我每天都來啊……」魯迅吃驚地說：「有嗎？」蕭紅很鬱悶。

魯迅在他去世的前兩三年中，經常跟朋友們談論「中國式的法西斯」。魯迅對朋友說：「這社會也太黑暗了，到處都是網一樣的專制和狗一樣的特務，混蛋真是越來越多了，讓人非反抗不可！」說完又小聲地對朋友說：「可惜我都五十多了啊，要是能再活五百年那有多好！」朋友說：「我也想……」兩個人看看對方，都笑了。

魯迅去世後，葉公超稱讚他說：「我有時候讀他的文章，一方面感到他的文采不錯，同時又感到他所『瞄準』（魯迅最愛用各種軍事名詞）的對象實在不值得一顆子彈。罵他的人和被他罵的人實在都不值一提。」胡適對葉公超說：「魯迅吐痰都不會吐在你頭上，你誇他幹什麼？」葉公超說：「不能因為人而否定他文學的成就啊。」

一些人認為周作人是漢奸，一些人則不這麼認為。周作人對日本很是熟悉，跟日本很有關係。他對日本的文化很瞭解，曾經有日本人到北大講中日文化合作。周作人跟日本人說：「談到中日文化合作，我怎麼沒有看到你們日本人的文化，我倒看見了你們武化。你們都是帶著槍炮來的，哪裡還有什麼文化，說武化還差不多！」

周作人跟日本人關係很深，可以做擋箭牌。一九三七年「盧溝橋事變」後，北京大學遷為西南聯大，校長蔣夢麟委託他：「你不要走，你跟日本人關係比較深，不走，可以保存這個學校的一些圖書和設備。」郭沫若也讓周作人到南邊來，說：

「日本人信仰周作人的比較多，他來了，用不著說話，就是對日本人的一服『鎮靜劑』。」

上卷博士胡適

胡適偶爾也會跟朋友去逛逛窯子，當然，只是觀光性質，喝喝酒什麼的。一九一〇年三月廿二日，雨下得很大，胡適和一幫朋友去妓院喝酒。大家都喝得很高興，胡適也喝得爛醉，雇了一輛人力車送自己回家。結果車夫趁他喝醉了，不僅把他的錢包偷了，連衣服也給扒了。完事後，把胡適直接扔在了雨裏。

胡適留學歸來，做了北大教授。他的課堂十分火爆，傅斯年的好友顧頡剛也去聽了一次，很是享受。他回來跟傅斯年說：「那個胡博士還真有學問，你也去聽聽吧！」傅斯年去聽的時候，不停發問，胡適汗如雨下，表示壓力真大。胡適後來坦白說：「傅斯年這樣的學生，國學根底比我還深厚，搞得我每次都提心吊膽，實在不是享受。」

一九二一年，紫禁城養心殿裏裝上了第一部電話。溥儀很好奇，拿著電話本，先學著京劇道白給楊小樓撥了一個，又撥通了胡適的電話，想看一下這個搞白話文運動的留洋博士長什麼樣。胡適很激動，連忙去拜見，回來後，胡適說：「我很感動，我當時竟能在我國最末一代皇帝，歷代偉大君主的最後一位代表的面前，佔有一席位！」

胡適被稱爲「上卷博士」，因爲他興趣太多，書老是寫了一半就扔下了。比如《中國哲學史大綱》和《白話文學史》等都只有上半部，沒有下半部。黃侃曾經開玩笑地說：「胡適是個著作的太監，因爲太監沒有下面；而胡適的著作，也是只有上半邊，沒有下半邊，所以胡適應該叫做『著作監』。」

徐志摩、梁實秋等人去胡適家做客，胡適有事出去了。徐志摩等人就在書房裏亂翻，找到了胡適的日記。幾個人當然是把頭都鑽進去看，不料胡適回來了，事情暴露，胡適笑著說：「兔崽子們怎麼可以偷看我的日記？」然後又換了副嚴肅的表情：「我沒什麼遺產，這日記是我留給兒孫們的唯一遺贈，要在若干年後才能發表。」

胡適在北大教書，嘴巴能說會道，講得比寫得還好。有一次，胡適到一個大學去演講。他引用孔子、孟子、孫中山先生的話，在黑板上寫道「孔說」、「孟說」、「孫說」，越說越過癮，到最後之乎者也混著白話，唾沫橫飛，一會他發表自己的意

見時，一不小心在黑板上寫下了「胡說」，於是誕生了「哄堂聽胡說」的笑話。

胡適曾經說過：「北大是以『三隻兔子』出名的」。這「三隻兔子」指的是丁卯年出生的蔡元培、己卯年出生的陳獨秀，和辛卯年出生的胡適。

有一次，胡適出席一個宴會，正在吃菜的胡適誇了郭沫若幾句，誰知道郭沫若隔著好幾個桌子都聽到了，特地跑過來，在胡適的臉上ｋｉｓｓ了一下，說：「感謝胡卯人的誇獎！」

一九二八年七月十五日，胡適談起了女人的貞操問題。他說：「女人如果被強暴了，用不著自殺。失身的女子並沒有少什麼，娶一個被玷污的女人和娶一個處女，並沒有什麼區別。如果有人敢於打破這種『處女迷信』，我們應該尊重他。」由此可見，胡適對於女人的貞操問題相當理性，是個思想超前的人物。

二十世紀三〇年代，胡適終於坐了一回飛機。在飛機上，胡適摸摸這，看看那，心情很激動，就寫了一首《飛行小贊》的小詩，來表達自己興奮的心情。這事被陶行知知道了，陶行知很簡樸，平時都是「十一路」，連黃包車都不坐，也寫了一首詩登到報上，批評胡適：「兔崽子坐飛機，啃蘿蔔當人參，胡適寫詩，一文不值！」

胡適是一個愛老婆的好丈夫，對他的妻子很好。胡適還曾經創作了一首「三從四德詩」：「太太出門要跟從，太太命令要服從，太太說錯要盲從；太太化妝要等得，太太生日要記得，太太打罵要忍得，太太花錢要捨得。」人們看到這首詩的時候，就可以想像胡適一邊跪著搓板，一邊舉個牌子：「老婆真好！」

胡適一家曾在美國居住，住的是五樓。有一天，有賊從窗戶裏爬進來了，當時胡適出去了，他老婆江冬秀正在做飯，看見了賊，沒有尖叫，而是拉開門，對賊說了一個英文單詞：「GO！」那賊被嚇住了，看著這個矮矮胖胖、面色慈祥、手無縛雞之力的外國老太太，一愣一愣的，真的順著門出去了。江冬秀關上門，繼續做她的飯。

二十世紀二〇年代，上海開了一個叫「四而樓」的酒樓，很多人都不知道「四而」的意思，就去請教胡適。胡適想了半天也沒想出來，就到「四而樓」點了一盤小菜，一會老闆出來了，胡適就問：「老闆，這四而樓是什麼意思啊？」老闆說：「一而十，十而百，百而千，千而萬的意思，圖個彩頭，省得買金蛤蟆。」胡適差點暈倒。

抗戰爆發後，胡適把二十年不從政的誓言當成了空氣，出任中國駐美大使。胡大使不喜歡喝酒，反而喜歡跟人閒聊。有一天，胡大使邀美國的史密斯議員吃飯，史密斯一聽有人請自己吃飯，也不管是誰請就來了。到了吃飯的時候，兩人談天論地，史

密斯突然說：「多年前我認識一個中國的學者，他叫胡適，哎，可惜現在也不知道在哪兒？」

胡適剛和美國議員搞了個烏龍，日本那邊也開始爆笑了。胡適接受了蔣介石的邀請，做了中國駐美大使，消息傳出，日本方面感到壓力很大，有人建議派鶴見祐輔、石井菊次郎、松岡洋右三個人一同出使美國，抵制胡適。因爲鶴見是研究文學的、石井是搞經濟的、松崗是搞辯論的。胡適聽後，高興了半天。

胡適有一段時間想和妻子江冬秀離婚，妻子自有治他的辦法。最開始胡適提出來，妻子就大喊大鬧，拿裁紙刀當飛鏢用，可惜沒打到胡適的臉。後來胡適又提起，江冬秀換了把菜刀，拿著新裝備對胡適說：「離婚可以，我先把兩個孩子殺掉，我再自殺！」胡適雖然有膽，但膽也沒有這麼大，嚇跑了。

胡適提出「好政府主義」前，梁啓超、林長民曾經想拉攏蔡元培、胡適等進研究系，沒想到兩人不吃這一套，自己發表了一個《我們的政治主張》。梁啓超很生氣，覺得沒什麼了不起，林長民也說：「胡適我們知道，他是一個處女，不願意跟我們這些妓女來往，但是蔡元培是個老好人，爲什麼也排斥我們呢？」

一九二九年，胡適發表了《人權與約法》等文章，得罪了國民政府當局，被迫辭去中公校長職務。後來胡適離開上海去北京時，世態炎涼，除了中國公學派來的一名學生代表，照了一張相後匆匆離去，沒有人來送一下。下車也沒有人接，讓人溫暖的是，學生傅斯年早已在家備好豐盛的大餐，爲老師接風，胡適不禁眼角濕潤。

一九四二年，胡適閒著沒事，收集全世界怕老婆的故事。他發現中國怕老婆的故事很多，美國、北歐、英國的也很多，而日本就沒有，因此他得出結論：「怕老婆這種現象，只能在民主國家滋生。」第二年，他收集到不少義大利怕老婆的故事，推斷義大利在軸心國這種不民主的極權聯盟裏不快樂，果然，九月義大利就向盟軍投降了。

翻譯《莎士比亞全集》的權威

梁實秋身邊的哥們像胡適、徐志摩、潘光旦等人，都是麻將好手，他有幾次硬被拉上桌，覺得跟不上節奏，以後他就只有看的份。他解釋說：「我不打麻將，不是裝假清高，而是太慢了，自己的一副牌都常照顧不過來，哪有時間揣摩別人的底細？不知己又不知彼，鐵定死翹翹。給自己找氣受，乾脆不打算了。」

梁實秋去聽梁啓超演講，只見梁啓超闊步走上講臺，悠然地打開他的演講稿，眼光向下面一掃，先震一下場子，然後就開始了他那短得不能再短的開場白，一共只有兩句，頭一句是：「啓超沒有什麼學問——」然後眼睛再向上一翻，接著輕輕點一下頭：「可是也有一點嘍！」梁實秋在台下跟人們笑成了一團。

梁實秋曾經說過，翻譯《莎士比亞全集》必須具備三個條件：第一，必須沒有學問，有學問的人都去上研究生了；第二，必須不是天才，天才都去搞藝術了；第三，必須活得時間長，因爲這本書真長。梁實秋自認沒有學問也不是天才，活得比烏龜稍微短點，所以才完成了這部《莎士比亞全集》的翻譯工作。

梁實秋過生日，冰心等人給他慶祝。蛋糕也吃完了，要走的時候，梁實秋非得讓冰心給自己的破本上題個字。冰心喝了點酒，想了想寫道：「一個人就得像一朵花的色香味俱全一樣，才情趣都有。而梁實秋最像一朵花。」旁邊的男士們就不滿了，說不公平。梁實秋正在高興，冰心又在上面寫了一句：「一朵狗尾巴花。」梁實秋暈倒了。

一九四九年之前，梁實秋和冰心兩個人經常聯繫，寫個信啦，寄個字畫啦什麼的。有一次梁實秋花費了九牛二虎之力，把鬍子都熬出了一大把，畫了一幅梅花，心想：這一次冰心美女最少也要誇獎幾句了吧。果然停了幾天，冰心來信了，忙拆開看：「畫梅花有什麼了不起，狗也會畫。」

活人的訃文

錢玄同是個唯物主義者，爲了表示自己的世界觀，在一九二七年，錢玄同打算在報紙上發表一期《錢玄同先生成仁專號》，並和朋友準備了輓聯、輓詩、祭文等幽默稿件。結果南方刊物上刊登出來後，一些錢玄同的朋友、學生不知道實情，以爲錢玄同真的死了，就演出了一場活人鬧劇。

錢玄同和黃侃是同門師兄弟，兩個人從上學就開始鬥嘴。三〇年代初的時候，黃侃跟著老師章太炎到北京開展教育講壇，錢玄同看到老師來了笑臉相迎，一看後面還跟著煩人的大師兄，頓時屁股對著黃侃。現在兩個人都是大牌了，開始耍性子，掐起架來，結果一會兩人都被師傅叫去挨訓了。

世界上最俗的情書

沈從文曾經很窮，十八歲的時候，他就到北京來找生路。後來，他住在一個會館的小亭子間裏寫小說。冬天的時候，亭子裏很涼快，沈從文用破棉絮夾住腿，腫著手寫作。郁達夫看他這麼小，便鼓勵他寫作。請他吃飯的時候，郁達夫付錢給他吃了一頓肉，回來時，郁達夫又給了他點錢和一條圍巾。沈從文不由得大哭了起來。

沈從文第一次給同學們講課，學生很多，都是衝著他的名來的。可是沈從文沒經驗，怯場了，傻站了十分鐘，好不容易說出話來了，十分鐘又講完了。下了課，同學們都說：「沈從文這樣的人也來中公講課，半個小時憋不出一個屁來。」胡適聽到了，笑著說：「上課說不出話來，學生沒有轟走他，就算是成功了。」

沈從文追求張兆和追得十分辛苦，追了三年多之後，沈從文決定去張家碰碰運氣，見見張兆和的家人。誰知道張兆和的父親一看這小子不錯，滿口答應。沈從文見過之後在家等消息，跟張兆和說，要是同意，就讓我這鄉下人喝杯葡萄酒吧，沒多長時間，張兆和發來電報：「鄉下人，喝杯甜酒吧！」沈從文一拍桌子：「好耶！」

沈從文創造了世界上最俗的情書。那時沈從文看上了自己班上一個美女學生，就相當直白地寫了一封「我愛你」的信給這個叫張兆和的學生。後來張兆和竟然被沈從文給追上了，有一天有個人問她：「當時沈從文是怎麼追上你的？」張兆和說：「他情書寫得好。」那人又問：「那情書寫什麼？」張兆和：「我愛你啊。」那人大汗。

沈從文和張兆和發生了摩擦，張兆和就抱了一疊沈從文寫的情書，準備去找校長胡適講理，並說要把這些俗不可耐的東西給撕掉。沈從文對著老婆的背影喊：「娘子，這可萬萬不可啊！」張兆和停下了腳步，說：「爲什麼？」沈從文說：「沈從文現在已經是中國文化名人了，這些情書都是無價之寶，千萬不能撕啊！」張兆和破涕爲笑。

戴季陶想去美國讀書，就徵詢一下孫中山的意見，孫中山看著戴季陶那張核桃臉，說道：「你這麼老了，還讀書幹什麼？」但戴季陶一再請求，大有孫中山不答應就抱腿不放的架勢，於是，孫中山拿出一塊大洋對戴季陶說：「這個給你作學費。」戴季陶一看，很驚訝，說：「不是跟我開玩笑吧，讀書要很多錢的！」孫中山說：「不是，你去虹口看場電影好了。」

Q「十一號車」的發明人

南開大學的創始人張伯苓是「十一號車」的發明人。那時他雖然是校長，但收入卻不多，生活不怎麼滋潤，每天都是步行上下班，連外出開會也很少乘車。有一天，張伯苓外出開會，散會後，會場大門口的保安以爲他是開車來的，就問他車號是多少。張伯苓想都沒想就答道：「十一號！」保安撓著自己的頭說：「沒見過這個車牌啊！」

張伯苓開辦南開大學，不料資金緊張。在資金的籌措上，主要靠別人捐款，學生們又不能拿個碗跑到街上去乞討，私人捐款又很有限。主要是依靠那些臭名昭著的大臭蟲，諸如曹汝霖、軍閥楊以德等捐款。學生們就不同意了，說怎麼也不能讓這些人當咱學校的董事，丟人死了，有損學校聲譽。張伯苓笑著說：「沒有糞水，哪來鮮花啊！」

張伯苓創辦了南開學校，就是後來的南開大學。一九二九年，南開女中部第一屆學生畢業，張伯苓語重心長地對她們說：「你們將來結婚，相夫教子，要協助丈夫爲公為國，不要要求丈夫升官發財。」女學生很納悶，問：「為什麼啊？」張伯苓說：「男人升官發財後，第一個看不順眼的就是你這個原配夫人！」

張伯苓勸學生不要抽菸，學生說，那老師你也別抽菸。張伯苓說：「那好，我不抽，你們也不許抽。」後來張伯苓竟然真的戒菸了。過了好多年，有人跟張伯苓談起佛洛伊德，說夢是欲望的假滿足。張伯苓腦袋跟小雞啄米似的點著頭，說：「有道理，我戒菸以後好久還做抽菸的夢！」

張伯苓是一個有民族胸懷的人。身為南開校長的他鼓勵南開學生報考航空學校，報效祖國。他的兒子張錫祜第一個報名參加航空學校。兒子畢業時，張伯苓在家長會上說：「現在大難當頭，家長應該做岳母，兒子畢業後要學岳飛。」抗戰初期，張錫祜在空戰中犧牲了，張伯苓聽到後說：「兒子捨身成仁，我這做老子的還能要求什麼呢。」

張伯苓多次說他辦教育的理由：「我在濟公島的時候，看見兩個人，一個是英國兵，另一個是中國兵。英國兵身體魁梧，穿戴莊嚴，但中國兵則大不然，他穿的是一件灰色而破舊的軍衣，胸前有一個『勇』字，面色憔悴，兩肩齊聳。這兩個兵相比較，實有天壤之別，我當時感到羞恥和痛心。立志要改造我們中國人，辦教育。」

Q 衣不驚人死不休的張愛玲

張愛玲爲出版小說《傳奇》，到印刷所去校稿樣。她那天穿的奇裝異服，使整個印刷所的工人停了產，百分之百的回頭率。張愛玲很滿意，對跟她聊天的女工說：「要想讓人家在那麼多人裏只注意你一個，就得去找你祖母的衣服來穿。」那女工嚇了一跳：「穿祖母的衣服，不是跟穿壽衣一樣了嗎？」張愛玲說：「那有什麼關係，別致就行。」

劉師培很怕老婆，因爲他的老婆很厲害。他的老婆結婚以後，動不動就對劉師培來個「河東獅吼」，讓劉師培見了妻子就像見了老虎一樣。一天夜裏，他又被老婆嚇得跑了出來，跑到了張繼家中，氣還沒喘好就有人敲門，劉師培以爲是老婆來了，就衝到了床下面，結果不是，劉師培還不敢出來，最後張繼趴地上，才把他硬拖了出來。

劉師培老婆何震跟劉師培的表弟私通，被章太炎看見了。章太炎就跟劉師培說他們倆有一腿，可是劉師培很愛自己的老婆，雖然他老婆經常欺負他，所以劉師培說有兩腿也不奇怪。一九一九年劉師培死了，何震沒了一個溺愛自己的好老公，就削髮爲尼，斷了紅塵，還給自己起了一個非常好聽的法名「小器」。

中國歷史上第一首國歌

嚴復是個掃把星文人，當時他給清朝寫了中國歷史上第一首國歌。嚴大文人帶領一群小弟夜以繼日地奮戰，寫出了類似於「大清好啊，大清好啊，大清好啊，大清好」的神曲，這首歌一出來，清廷頒佈上諭：「聲詞尙屬壯美，節奏頗爲諧和……」過了幾天，「武昌起義」就爆發了。

嚴復與常人不同，袁世凱深有體會。袁世凱做了直隸大臣，請嚴復做幕僚，嚴復罵道：「你算什麼東西，也配請我？」後來袁世凱被罷免回家了，嚴復又說：「哎，朝廷自毀棟梁啊！」袁世凱稱帝，「籌安會六君子」中的楊度邀他出山，他回答說：「你們當國家是扮家家啊！」袁世凱稱帝失敗了，嚴復反而說：「只有袁世凱能救中國啊。」

嚴復的薪水本來還挺高，可是因爲大清朝滅亡了，那份高工資也就沒人支付了。一九一二年，嚴復到京師大學堂上班，當了北大的教授，可是名校的工資也拖欠，出去做兼職也老是不給錢，連個房租都交不起。不僅把自己的黃包車打折處理掉了，連自己的廚師偷吃了根黃瓜，嚴復也因此把他辭退了。

袁世凱稱帝的鬧劇結束後，嚴復逢人就說：「老夫我雖然是『籌安會』六君子之一，但我並不知情。當時袁克定來找我，我也什麼都沒答應。誰知道沒多久，報紙上竟然刊登我是籌安會支持帝制的主謀之一，明擺著就是誣陷我嘛！」人們聽後的反應空前一致，都是一句話：「當了婊子還想立牌坊！」久而久之，嚴復也就不說了。

堅決的改革家梁濟是一個「爲清朝而死」的人。梁濟是個舉人，先後做過內閣中書、民政主事等工作。一九一八年十一月七日早晨，梁濟在出去串門前，在報紙上讀到一段國際新聞，就問做北京大學哲學教授的兒子梁漱溟：「這個世界會好嗎？」梁漱溟回答：「我相信世界是一天一天往好裏去的。」但他三天後，就留遺書投湖自盡了。

梁濟爲什麼要自盡呢？因爲他雖然覺得共和是必要的，但是對清朝的遜位感到辜負，自己是一個完完全全的清朝人，現在清朝去了，自己活得也沒什麼意思，還不如殉了大清。於是謀劃了好久，可惜一直對自己下不了手，終於有一天鼓足勇氣，早鴨子故意跳到湖裏，掛掉了。所以說思想是個奇怪的東西，把握著眾生的生死。

李叔同是個傳奇人物，別人說他像是一個佛像，後面帶有光暈。為什麼這麼說呢，因為李叔同學習上是個奇才，他的詩文比語文老師的更好，他的書法比書法老師的更好，他的英語比英語老師的更好；所以為了保住其他人的飯碗，不得不改行教美術和音樂，才沒有跟其他老師鬧出很大的矛盾。

李叔同做了和尚，法號「弘一」，經常去學生豐子愷家串門。第一次，豐子愷搬來一張籐椅讓老師就座。法師把籐椅輕輕搖動，然後慢慢坐下去。一連幾次來都是這樣，豐子愷很納悶，法師說：「這椅子裏頭，兩根藤之間，也許有小蟲伏動，突然坐下去，要把牠們壓死，所以先搖動一下，慢慢地坐下去，好讓牠們走避。」

李叔同出家前就對搞好人際關係漠不關心。留學日本時，有一次他約歐陽予倩早八點到其家，歐陽予倩因電車耽擱，遲到了幾分鐘。名片遞進去後，李叔同從二樓打開窗戶，對歐陽予倩說：「我和你約的是八點鐘，可是你已經過了五分鐘，我現在沒有工夫了，我們改天再約吧。」說完把窗戶給關上了。

李叔同在浙江第一師範當教師的時候，他早起晚睡有一定時間，很少改變。一天晚上，他已經睡了，忽然學校收發員來敲房門，說有電報，他在裏面回說：「把它擱在信插裏。」到第二天早上，他才開房門看電報。有人問他：「打電報來總有緊急事情，爲什麼不當晚就拆看呢？」他說：「都睡了，有啥事明天辦！」

Q 新文化運動的先驅

劉半農是五四新文化運動的先驅，作爲先驅也得要做點什麼給大家看。於是劉半農曾經提倡通俗文學，編個「罵人專輯」送到《北京晨報》等新聞媒體上宣傳，徵求別人罵他，讓別人能怎麼罵，就怎麼罵。於是趙元任用湖南、四川的方言將他罵了一頓又一頓，周作人又用紹興話將他痛罵一通，連上課的時候，學生也用各種家鄉話以車輪戰的方式罵他。

劉半農當上北大教授之前，家裏非常窮。在開始的時候，他是個靠翻譯、撰寫短文混生活的小青年，當時經常窮得揭不開鍋，連家裏養的貓都餓得前肚皮貼後肚皮的，有時候只好厚著臉皮靠妻子的娘家接濟，正當窮得叮噹響的時候，接到了北大校長蔡元培的聘書，之後家裏的鍋裏總算能看見米粒了。

一九二〇年，劉半農在倫敦做了一首叫做《教我如何不想她》的白話詩。一九二六年，趙元任把這首詩譜成了曲，在社會上很流行。有一個年輕人想去目睹一下歌詞作者的風采，看看自己的偶像長什麼樣。正好有一天，劉半農去趙元任家串門，那個年輕人也在旁邊坐著。趙元任就向他介紹：「這位就是。」年輕人很意外：「原來是個老頭啊！」

博士生之父——王雲五

商務印書館總經理王雲五是個「大力士」。有一次，王雲五去北京出席各大學的歡迎會，講述自己苦學不倦，終成正果的讀書歷程。他得意地講完了，有一個學生說：「先生的學問地球人都知道，聽說非洲有一座大山，而您的書中卻說在美洲。書都出版爛了還沒改，是不是您把它從非洲搬到美洲去了？」王雲五無話可說，榮升為「搬山大力士」。

王雲五是「博士生之父」，可是他自己卻沒上過學。可見博士生導師也不見得都

是高學歷，其實幼稚園沒畢業也可以。王雲五指導過很多博士生，有一次他喝醉了酒說出了真話：「告訴你們個秘密，我沒多少文化！」後來他獲得了韓國建國大學的名譽法學博士學位，王雲五很是高興：「老子也是博士了！」

一九四一年十二月八日，太平洋戰爭爆發。日本於十二月七日襲擊珍珠港後，順便也往香港丟了幾顆炸彈。於是香港的人開始搶機票往重慶避難，王雲五的妻子也要往回飛。於是記者看到了戲劇的一幕：孔祥熙的妻子宋靄齡慢悠悠地走下飛機，不僅懷裏抱著一隻狗，後面還跟著一群狗。而王雲五等到花謝了也沒有等到妻子。於是報紙刊登：「王雲五的妻子不如宋家一條狗。」整個重慶炸了窩。

漢語言學之父——趙元任

趙元任在二十世紀二〇年代曾爲商務印書館灌製留聲片，推廣國語。到了香港的時候，香港人都是用粵語和英語，趙氏夫婦偏偏用國語購物。於是店員就一直聽不明白，趙氏夫婦無奈，就要走。那店員說：「你們還是去買個留聲片吧，國語太差了！」趙元任說：「那誰的國語好？」對方答道：「趙元任！」於是趙元任的老婆楊步偉笑趴下了。

趙元任年輕時，求知欲極強，愛做物理實驗，酷愛體育運動，從初中開始堅持記日記。在南京求學期間，一度染上惡習：抽菸、嗜酒。一旦他意識到這些危害時，以堅強毅力強制自己根除了，經常用父親給自己起的名字裏的寓意告誡自己：「元任，任重道遠。」他後來果然很有出息，被尊爲「漢語言學之父」。

一九二一年，楊步偉和趙元任結婚，決定打破原來的婚姻制度，搞得現代化一點。他們先到中山公園當年定情的地方照了一張相，結婚也不收禮。下午一個電話把胡適和朱徵請到家裏，楊步偉親自下廚弄了四碗家常菜，掏出一張自己寫的結婚證書，請胡適、朱徵做了證婚人。爲了合法化，還掏了四毛錢印花稅。

楊步偉小的時候就非常「膽大妄爲」，家裏給她請了家教，家教老師講，孔子曰：「割不正不食。」她就立馬罵孔夫子浪費東西：「他只吃方塊肉，那誰吃他剩下的零零碎碎的邊邊呢。」結果被爹娘罵她對聖人不恭。她還捉弄老師：「趙錢孫李，先生沒米；周吳鄭王，先生沒床；馮陳褚衛，先生沒被；蔣沈韓楊，先生沒娘。」

趙元任很好客，家裏總是客人很多，不得不專門請個廚師來做飯。後來，他的夫人楊步偉與幾位教授夫人商議，要在清華園那兒開一個飯店。開張時，光前來幫忙的

熟人就有二百多個，把飯菜吃了個精光，又不好意思收錢。於是兩個月下來，四百大洋的本錢賠了個精光。趙元任十分感嘆，吟了一首詩：「生意茂盛，本錢賠淨。」

趙元任很能模仿，每到一個地方，他都用當地的方言跟別人講話。一九二〇年，他陪同英國哲學家到中國巡迴演講，他做翻譯，他在途中跟長沙人學習長沙話，等到了長沙，就能說一口標準的長沙話了，演講結束後，竟然有人跑過來和他攀老鄉。二戰後他去法國，在巴黎車站，跟行李員講巴黎土語，對方以爲他是土生土長的巴黎人，跟他說：「你回來了啊，現在可不如從前，巴黎窮了。」

王國維無論什麼時候都板著個臉，跟個閻王似的，很多人見了都很害怕。趙元任的老婆也很害怕他，本來她嗓門很大，見了王國維連蚊子哼哼都不敢。等到了王國維五十歲生日，趙元任的太太硬是不願意跟王國維一桌，跟要她的命似的。

培育英才蔡元培

蔡元培在德國留學的五年很艱苦。那時由於勤工儉學，蔡元培得幹三份工作。他給當時在德國唸書的唐紹儀的侄子當家教，一個月有一百馬克報酬；還在駐德使館中兼職，可獲三十兩銀子；他還爲商務印書館編譯教科書和學術著作，每個月有一百元收入，所以每當老蔡領工資的時候，別人以爲他是銀行跑業務的，其實他只是兌換工資的。

一九〇七年，蔡元培和幾位同盟會會員流落法國。都是一群生活拮据的窮酸學生，就把省下來的錢準備搞一個豆腐店。而且，蔡元培有一個當過豆腐店夥計的老鄉，就讓他來當技術顧問，於是豆腐店就在巴黎開張了。他們賣豆腐也賣豆汁、豆皮、豆腐乾等豆類食品，一時間非常火爆，賺了一大筆錢。除了補貼生活，都用在革命事業上。

蔡元培是個開放式教學的教師：「我們教學，就是要引起學生的讀書興趣，做教師的不可一字一句或一字一字地講給學生聽，最好使學生自己去研究，教師不用那麼苦教，等到學生不會了再起來教學」；「教育者，養成人格之事業也。所以說學生翹課、遲到、早退，是他們的人格問題，不是老師的監督問題。」學生很歡迎。

辛亥革命後，蔡元培作爲迎袁專使，去北京讓袁世凱來南京就職大總統，見了面，袁世凱很是客氣。接下來，袁世凱開始演戲，說自己願意南遷，很想脫離這個「舊蟲窠」，又指使部下兵變，部下喊著口號是「袁世凱要自己去南京做總統，不要

我們了！我們還是各人搶一點，回老家去！」老袁一攤手：「這個，我不能走啊，走了還不……」於是老蔡等人又上了一回當。

蔡元培雖然一生主要從事教育方面的很呆板的工作，有時卻也很幽默。一九二七年，廣東革命政府北伐軍何應欽部攻克了福建，浙江人民派出蔡元培、馬敘倫等作爲代表前去迎接。在何應欽舉辦的宴會上，介紹俄國顧問蔡列班諾夫和代表見面。當這位外國顧問把中國式名片：「蔡列班諾夫」送上來後，蔡元培說道：「原來是本家。」

北京大學在蔡元培做校長以前，開校務會議，一般都是用英語。好多中國教授都聽不懂，也得跟聾子一樣坐在那裏，煎熬得要死。蔡元培當了校長，建議改用中文。外國教授就不幹了，說：「我們聽不懂中國話。」蔡元培說：「假如我在你們國家教書，是不是我是中國人，開會時你們就說中國話！」外國教授沒話說了。

蔡元培一生不喜歡坐轎子，因爲他覺得很不人道。他說：「坐轎好幾個人抬一個人多不經濟，人力車雖然經濟，但你忍心看人家累得滿頭大汗嗎？馬車也不行，因爲馬還要一直跑，多累。」所以他能坐船時就坐船，有公車就坐公車。有人曾問他：「你覺得怎樣出行最合適？」蔡元培說：「唯有腳踏車和摩托車最文明。」

蔡元培因爲辦學太多，名氣太大而演出了一場鬧劇。當時北京的孔德學校和隔壁的一所大學打起了官司，原因是因爲地界糾紛。雙方一陣口腔舌戰，罵了個臉紅脖子粗也沒分出勝負，就去到法院告了狀。當雙方對簿公堂時發現，原告是「XX大學校長蔡元培」，被告是「孔德學校校長蔡元培」，法官也很鬱悶。

北大爆發講義風潮，學生們集合示威。瘦弱矮小的蔡元培跑到示威的學生前面，舉著自己番茄大的拳頭喊道：「你們都是一群懦夫！有膽的就出來和我決鬥！你們誰要是敢碰一下教員，我就揍扁他！」後來蔡元培跟別人說起這件事，說道：「我是一個猛男吧？」朋友說：「哎，臭美，是你長得太瘦弱了，別人不捨得欺負你。」

文章是誰的好

梁思成是中國最傑出的建築學家之一，清華大學建築系的創辦人。他和妻子林徽因總是在一起工作，合作寫書。梁思成在自己的代表作《圖像中國建築史》中說：「我要感謝我的妻子、同事和舊日的同窗林徽因，沒有她的合作與啓迪，無論本書的撰寫，還是我對中國建築的任何一項研究工作，都是不可能的。」

有一次，梁思成在一個地方作學術報告，拿自己的假牙現身說法：「我是個『無齒之徒』，牙齒都沒有了，後來在美國裝上這副假牙，因爲上了年紀，所以不是純白色的，略帶點黃，因此看不出是假牙，這就叫做『整舊如舊』。所以說，我們修理古建築也要這樣才能煥然一新。」

林徽因文采很好，梁思成的文章大都經過她的修改。林徽因經常在梁思成的初稿上改得密密麻麻，然後再讓梁思成去抄寫。林徽因去世以後，梁先生的文章就平淡多了。金岳霖說：「照一般人的說法，都是『老婆是別人的好，文章是自己的好』，但這個說法不適用於梁思成，在梁這裏，『老婆是自己的好，文章是太太的好』。」

林徽因和梁思成這對夫婦什麼都說，連秘密也說。有一次，林徽因直接跟梁思成說她又喜歡上了另一個叫金岳霖的男人，不知道該怎麼辦。梁思成聽了肯定是心情不怎樣，失眠了一夜，熬了個熊貓眼。他對林徽因說：「你自己選吧，選他的話，我祝福你。」金岳霖被梁思成感動了，決定棄權，退出了三角戀。

林徽因長得很美，人又很有才，追求她的人很多。一次，林徽因閒著沒事幹，看到了眼前追求自己的這些人，就跟他們說，誰要是能把城內剛上市的橘子買給她，誰就對她最真心。梁思成一聽，就騎著摩托車飛一般地去買橘子，結果在東安市場外跟章宗祥的汽車撞了，差點沒了小命，因禍得福，追上了林徽因。

林徽因是當時的大眾情人，許多人都想和她結識。林徽因和梁思成結婚後，梁思成不喜歡做家務。林徽因在給別人寫的信中說：「讓思成做家務，刷個碗也能刷七八個小時。各種雜事他都不管，就跟火車站一樣，那麼多車開來，我是站長，累死都喘不過氣來，他卻當火車站，跟沒事的人一樣，杵那就行了。」

林徽因喜歡在夜裏，穿著白綢睡袍，面對院裏面的一池荷花，在風中輕飄飄地吟詩。等完事了，就對著梁思成說：「你看我漂亮不？美不？青春靚麗不？嬌豔動人不……」梁思成抬起頭看了看，又低下了頭。林徽因又說了：「我要是個男的，看一眼就會暈倒。」在一旁的梁思成趕緊作出嘔吐的症狀，小倆口就追著打了起來。

癡情第一人——金岳霖

金岳霖喜歡推理，根據邏輯辦事。他總是拿著字眼劈開來看，耐心地拿在手裏鑽研。十幾歲的時候，看到了一句話「金錢如糞土，朋友值千金」。這句話是中國的俗語，小孩子也知道。他就仔細研究這句話的含義，他覺得既然「朋友值千金」而「金

錢又如糞土」，那就可以據此得出結論：「朋友如糞土……」

金岳霖是湖南人。自從出了曾國藩以後，湖南人的雄心壯志就膨脹了起來，有了「戰鬥天地」的尚武精神。但金岳霖卻沒有這份「捨我其誰」的霸氣，他曾經發表了一篇文章說：「我開理髮店掙的錢比交通部秘書掙得錢還多，所以與其去當官，還不如開個剃頭的鋪子，與其每天當秘書給部長拍馬屁，還不如在水果攤上唱歌。」

金岳霖有個習慣：利用每星期三天不上課的時間，埋頭讀書，概不見客。這種情況下在亂世怎麼行得通，一九三八年九月廿八日，日本飛機突襲雲南，金岳霖正在書齋裏一心啃書，連防空警報也沒聽見。幾枚炸彈把老金住的地方前後炸爛了，幸好他住的地方沒事。金岳霖跑了出來，看見這副慘狀，傻乎乎地問：「怎麼回事？」

金岳霖是一個靈活的老師，鼓勵自己的學生創新思維，發表自己的見解。有一次，舉行一個邏輯研討會，有人提到了當時享有盛名的哥德爾的一本書很不錯，金岳霖準備買來看看，結果他的學生沈有鼎對金老師說：「老實說，老師你看不懂的。」金岳霖聽了，先是哦哦了兩聲，然後說：「那就算了。」

殷海光問金岳霖，熊十力怎麼樣，金岳霖想了一會，說：「熊先生可以算是對佛學研究最深的一個人。」殷海光說：「我怎麼聽說他喜歡打人，有時還罵人呢。我就親眼看見他不僅打了梁漱溟三拳，還罵他是一個大笨蛋！」金岳霖說：「呃，這個，人總是有情緒的動物吧，是個人就要打人……啊！」原來殷海光突然給了他一拳。

金岳霖和梁思成住前後院，他製作了一副對聯恭維梁氏夫婦：「梁上君子，林下美人。」梁思成名字中有「梁」字，林徽因名字中有「林」字，而且梁思成是建築學家，用「梁上君子」作比十分貼切，梁也十分高興。林徽因卻說：「真討厭，什麼美人不美人，好像一個女人沒有什麼事可做似的，我還有很多事要做呢！」

金岳霖非常喜歡研究邏輯，主講邏輯學。有學生問他：「你爲什麼要搞這麼枯燥的玩意？」金教授回答說：「好玩。」他在西南聯大開了一門「符號邏輯」課，因爲跟天書差不多，所以聽的人很少，唯獨有一個叫王浩的學生很能聽得懂其中的奧妙。於是金教授總是在場子無比冷清的情況下，找王浩一問一答，課堂就變成了兩人的天書對話。

金岳霖喜歡喝牛奶，不管春夏秋冬都訂一樣多，冬天訂那麼多可以放著喝，但到了夏天就喝不了那麼多，於是就求鄰居來喝。鄰居受不了了，就告訴他可以冬天多訂點，夏天少訂點，牛奶是能喝多少訂多少的。金岳霖聽後，茅塞頓開，誇鄰居說：「你真聰明！」鄰居哭笑不得：「是你笨蛋好不好。」

金岳霖這個人特別懶，有一天校長外出了，委託金岳霖的同事陳岱孫代理校事。金岳霖準備上廁所，一摸屁股兜裏沒有紙，沒有去找，而是給辦公室對面坐著的陳岱孫寫了一個小紙條：「伏以臺端坐鎮，校長無此顧之憂，留守得人，同事感追隨之便。茲有求者，我沒有黃草紙了，請賜一張，交由劉順帶到廁所，鄙人到那裏坐殿去也。」

金岳霖是純情癡心男，他愛了林徽因一生，終身未娶。五十年代後期，林徽因已經去世，梁思成也已經另娶了他的學生林洙。金岳霖有一天突然把老朋友都請到北京飯店，沒講任何理由，讓收到通知的老朋友都納悶。飯吃到一半時，金岳霖站起來說：「今天是徽因的生日。」一聞聽此言，有些老朋友望著這位終身不娶的老先生，偷偷地掉了眼淚。

殷海光是著名哲學家金岳霖的徒弟，有一次殷海光生活拮据，很是窮困，就向同學和朋友們借錢。可是礙於面子，又不好直說，於是他寫了一封信給許冠三說：「我只有一個念頭，五四以來，真正的自有知識份子已經差不多滅絕了，特別是像我這樣的人才已經不多了，難道在這樣一個人才稀缺的年代，你忍心讓我活活餓死？」

大家讓金岳霖去勸他的好友吳宓，因爲吳宓不僅是個詩人，而且是一個癡情的猛男，喜歡人家毛彥文也就算了，還把這事發表到報紙上，以爲這是徵婚啊。金岳霖見了吳宓，說道：「你詩不好也就算了，還把情詩這麼隱私的事發表在報紙上。你看我們天天上廁所，也沒有發表在報紙上……」吳宓一時找不出話來回擊。

在西南聯大的時候，一次吳宓在講《中西詩比較》課，一條大狗竟偷偷溜進教室蹲坐在角落裏。吳宓寫完轉過身來，發現竟有一隻狗也在聽他講課，急忙走下講臺，對大狗說：「目前我尚不能使頑石點頭，不是你該來的時候，你還是先出去吧！」說完揮一揮手，大狗似乎聽懂了吳先生的話，立刻低頭垂尾悄悄走出去了。

吳宓性子很直，不願意占別人便宜。一九四四年，吳宓坐火車買了一個三等車廂的站票。正在過道裏辛苦地站著，見到了自己的妹夫。妹夫用免費乘車證給他找了一個二等車廂的座，但吳宓不知道。一會列車員查票，說：「三等的車票，誰讓你坐二等車廂的！」妹夫拿出免費乘車證，給查票員看，查票員同意了，但吳宓很生氣，去站著去了。

一九四七年，吳宓到西安講學，吸引了一大群粉絲。有一天，一群政客也來附庸風雅，讓吳宓給他們講一下《紅樓夢》。本來吳宓是不准的，可是那一群人搬出吳宓的老爹來通融一下，吳宓沒有辦法，便一頓胡侃。等那群人走了，他老爸問他爲什麼

沒講正經的，吳宓回答說：「一群榆木疙瘩，你讓我對牛彈琴嗎？」

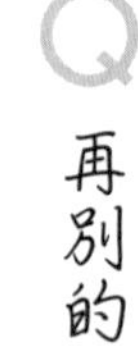

再別的不只康橋

一九一五年，徐志摩高中畢業，考進了上海的一個神學院。十月份的時候，他家裏給他包辦了一個老婆，是上海寶山縣的大款張潤之家的女兒張幼儀。徐志摩第一次看到張幼儀的照片，嘴角往上一撇，嫌棄地說：「鄉下土包子！」但老爸老媽的話不能不聽，還是得乖乖結婚。憑著老婆家的財力支持，得以出國留學。

徐志摩是挖牆角把陸小曼挖過來的。徐志摩跟陸小曼的第一任丈夫王賡關係不錯，可惜王庚是西點軍校的留學生，每天很忙，結果讓徐志摩鑽了空子，和陸小曼走到了一起。徐志摩常對學生說：「教授我唯一的安慰，就是下課後能夠抱著老婆大親一口啊！」

徐志摩雖然爲了跟陸小曼結婚，跟張幼儀離了婚，但張家卻一直把徐志摩當成一個好女婿。一九二六年十月，徐志摩和陸小曼在北京結婚時，張嘉鑄不顧姐姐的感情接受得了接受不了，歡喜地盛裝參加了徐志摩的婚禮。而張君勱也反對妹妹張幼儀再嫁，害怕給張家丟臉，聲稱「女人只能嫁一次」。

徐志摩爲了追求陸小曼，要跟張幼儀離婚，張的哥哥張君勱絲毫不顧及妹妹的感受，感嘆地說：「張家失徐志摩之痛，如喪考妣！」等到徐志摩跟陸小曼結婚，張幼儀的八弟又跑去送祝福。後來張幼儀去世的時候，她的遺囑上說：「追悼會上不要放哀樂，請念幾首徐志摩的詩就行了。」

徐志摩飛機失事前一夜，已經買好了機票，但夜裏還跟別人喝酒，喝到了很晚。他對侍者說：「明天早上不用叫我了，我要睡懶覺。」侍者說：「會耽誤坐飛機的。」徐說：「沒事，真不行，後天走。睡覺重要！」但徐志摩後來又叫來侍者，說：「回上海也行，那你明天早上就喊我起床吧。」結果與幸運女神擦肩而過了。

徐志摩夜裏睡不著覺想出去看看，就跑到梁實秋的家想嚇他一跳，結果猛一開門，看到兩個不認識的男女從單人沙發上嚇得蹦了起來！驚魂未定的徐志摩就從後門跑到另一個單身朋友家中，結果偷偷開了燈一看，床上睡著兩個人！他大叫著跑了回來。曹聚仁就調侃他說：「小子，夜裏可是很複雜的啊！」徐志摩唉了一聲，從此乖乖地不敢再出去。

徐志摩不僅有寫《再別康橋》的柔情愛意，還有陪哥們一起蹲監獄的江湖義氣。

徐志摩和蔣百里關係很鐵，曾經共同組織新月社。在徐志摩潦倒的時候，蔣百里曾經賣房子資助他。一九三〇年，蔣百里受牽連進了監獄，徐志摩一聽自己的哥們進了監獄，自己扛上了鋪蓋捲也到南京陪蔣百里蹲監獄。一時間，全國轟動，陪蔣百里蹲監獄成爲一種時尙。

Q 大千世界任我行

張大千曾經當過土匪，只不過是被逼的。有一次，張大千不幸被土匪綁了，張大千奉山大王的命令，給家裏寫信說自己被綁了「肥豬」，結果字寫得太好，土匪頭子決定留他在山上當「壓寨軍師」。張大千雖然落草爲寇，但強扭的瓜不甜，一百天後，張大千還是給跑了。從此之後，張大千一看到肥豬，就想到了自己，雖然這不是他自願的。

張大千最開始並不出名，但是李梅庵非常看好他。有一天，著名畫家黃賓虹去李梅庵家做客，看到桌子上有一幅石濤的真跡，是花五百買回來的。第二天，他也買到了一幅，而且只花了一百塊，並且感覺比李梅庵家裏的還要好。他就去李梅庵家顯擺，正巧張大千也在，張大千忍俊不禁，說：「這是我仿的。」

張大千不會外語，也敢跑到各國去旅遊。他在國外不認識路，迷路是家常便飯，時間長了，他就想出了一個餿點子。他找人給他寫了個洋文牌子，掛在身上，上面寫道：「我是張大千，中國畫家。現住某地某街某號。不會外語，迷路了，請好心人送我回家，不勝感激。」這招屢試不爽，後來李宗仁到美國，卻不敢用這一招。

不只白菜價的白菜

齊白石喜歡畫白菜，也畫得很好。齊白石把白菜推許爲菜中之王，畫出的白菜新鮮水靈、生機盎然。齊白石常自稱自己「通身蔬筍氣」，有位畫家私下裏學齊白石，也畫白菜，可畫得總不像，他最後忍不住去問齊白石，畫白菜有什麼訣竅？齊白石哈哈一笑：「你通身無一點蔬筍氣，怎麼能畫得和我一樣呢？」

齊白石作畫明碼標價，不論交情。有一次，有人讓他畫蝦，齊白石畫完了，那人覺得這畫畫跟買菜是一樣一樣的，要求多添一隻。齊白石很不高興，但還是拿了筆，在畫上給他添了隻蝦。那人看畫，發現這隻蝦畫得像是走了樣，毫無生氣，有點

奇怪。齊白石說：「你這隻蝦，是不在價錢以內的，所以替你畫了隻死蝦，免費贈送。」

作家老舍去拜訪齊白石，讓他幫忙給畫一幅畫，題目是「蛙聲十里出山泉」，想考考他。停了幾個月，齊白石畫成了，老舍趕緊打開看看，看後直喊：「絕了！絕了！」讚嘆不已。原來齊白石並沒有畫那些青蛙鼓鳴，而是畫山澗亂石中瀉出一片急流，有幾隻蝌蚪在戲水，高處是幾筆遠山。青蛙沒見到，但卻能隱隱感受那遠處的蛙聲。

老舍喜歡給齊白石出難題，有一次他念了一句蘇曼殊的詩：「芭蕉葉捲抱秋花」讓齊白石照著畫。秋天的芭蕉剛開花的時候，葉子是捲曲的，長到一定的程度才散開。這點小事難不倒齊白石。但齊白石在落筆時突然問老舍的夫人：「我忘記了芭蕉捲曲的葉子是向右旋還是向左旋。」老舍夫人被難倒了，只得派人去打聽。

國民黨上海浙滬警備司令宣鐵吾生日，搞得很是鋪張浪費。還附庸風雅派人再三去請齊白石赴宴，齊白石很勉強。席間，宣鐵吾硬要齊白石現場繪畫。齊白石畫了一隻斗大的螃蟹，人們讚不絕口，宣鐵吾也非常得意。齊白石又提筆在右上方題了幾個大字「橫行到幾時」，接著又寫了「鐵吾將軍」幾個字，落了款蓋了印。

一九三七年，日軍侵佔北平。齊白石辭職在家，不願爲敵僞政權服務。日本人不甘心，經常派人藉口買畫，勸齊白石加入日本國籍。齊白石憤怒地說：「我是中國人，不去日本，你們要齊白石，可以把齊白石的腦袋拿去！」齊白石把門上的告示換成了：「停止見客。」但他覺得對特務的警告作用不夠大，乾脆換成了：「白石已死。」

新鳳霞、吳祖光結婚之後，邀請赴宴的人中也有九十多歲的齊白石。等大家都坐好了，齊白石老人一直盯著人家新娘看，看傻了。大家都在笑他，他也不知道。終於齊白石的護士推了推他，低聲說：「您總看著人家做什麼？」齊白石說：「我就要看！」護士說：「老看老看，不顧別人，不大好。」齊白石卻說：「她生得好看，我就愛看！」

章伯鈞與徐悲鴻很久以前就認識了，一般不能跟畫家要畫，得畫家贈你。有一天，章伯鈞去徐悲鴻家做客，徐悲鴻對章伯鈞說：「我送你一匹馬吧。」章伯鈞知道徐悲鴻畫了好多女人的裸體藝術畫，就說：「把你畫的女人送給我吧！」徐說：「那些畫，不是用來送人的。」章伯鈞說：「那是用來幹什麼的？」徐悲鴻笑而不答。

徐悲鴻一生崇拜任伯年，把自己比作「任伯年第二」。因爲任伯年死的那一天，徐悲鴻正好出生。徐悲鴻非常喜歡收藏任伯年的畫，但徐悲鴻很窮，又不捨得賣畫去買，見到任伯年的畫，就拿自己的畫來換。最開始的時候，他三四張畫才能換一張任伯年的話，到了四〇年代的時候，就是一比一的比例了。

一九一一年十月十五日，由胡石庵一個人擔任記者加編輯加老闆的《大漢報》新鮮出爐，刊登了以「中華民國軍政府」名義討伐清政府的檄文，並列舉清朝的種種罪行。當時革命黨人鄭江灝問：「這是軍政府送過來的嗎？」胡說：「非也，是我原創的！」鄭說：「竟敢用軍政府名義！胡扯！」胡答道：「我姓胡，當然是胡扯了。不扯怎麼安軍心，喪敵膽。」兩人相視而笑。

胡石庵的《大漢報》裏面全都是重磅新聞，什麼巡防營獨立了啊，什麼專電了啊，全是他一個人編的。結果讀者信以爲真，三萬份報紙全部賣光。不僅如此，第二天，胡石庵又化身「孫文」寫了一個《告全國同胞書》，結果遠在倫敦的孫中山竟然真的收到了祝賀，孫中山也只能感嘆不已。

萍水相逢百日間

魯迅說，中國出產「猛人」。邵飄萍曾經評點當時的「猛人」張作霖，不但把張作霖犯的罪都列成了一張表，而且鼓勵張學良把他爹頂下去，「馬賊」張作霖打來了三十萬元，讓他閉嘴。邵飄萍沒要，繼續在報上揭露張作霖。他曾和家人說：「張作霖出三十萬元買我，這種錢我不要，槍斃我也不要！」他不幸言中。

一九二六年，兩個敢說話的人都犧牲了。《京報》的社長邵飄萍和《新社會報》的老董林白水，因爲太敢說真話，被奉系軍閥殺掉了。邵飄萍是四月廿六號那天被殺的，而林白水是那年八月六日死的，兩個苦命的人正好相差了一百天，於是有人評論說「萍水相逢百日間」，把兩個人的名字巧妙結合，一時成爲雋語。

當時《京報》的社長邵飄萍和《新社會報》的社長林白水都因罵過張作霖而被奉軍殺害，兩人最終在下面見了面。等後來奉系垮臺了，北平文化界給兩人開追悼會。會上有副輓聯：一樣飄萍身世；千秋白水文章。橫批：萍水相逢。雙方家人看見後，哭得更厲害了。

Q 一代名伶梅蘭芳

梅蘭芳很出名，有一天，「親日大使」褚民誼突然來造訪，要梅蘭芳去南京等地巡迴演出，慶祝「大東亞戰爭勝利」一周年。梅蘭芳說：「我已經鬍鬚一大把了，嗓子也不好。」褚民誼還是不肯甘休，梅蘭芳就譏諷道：「我聽說您大花臉一向唱得不錯，我想您去更合適！」褚民誼自討沒趣，氣呼呼地走了。

梅蘭芳去美國巡迴演出，一位美國老太太很是癡迷。這位老太太無論颳風下雨，打雷閃電，每場都到，這麼執著的精神使得她能跟偶像近距離接觸，見到了梅蘭芳。看著自己的偶像站在自己面前，美國老太太很是激動，拉著梅蘭芳的手說：「這是多麼好看的一隻手啊！爲什麼演出的時候要用布遮起來呢？」

陳寅恪在歐洲留學，當時傅斯年、羅家倫、金岳霖、宗白華等歐洲的留學生很多。有一天晚上，陳寅恪走進柏林一家華僑開的飯館，無意中和周恩來、曹谷冰等幾人相遇，打過招呼，在一個桌上吃飯。一會由於政見不同，吵架了。周恩來很善於辯論，曹谷冰等人都說不過他，狗急跳牆，放下麵包，掄拳便打，順便把陳寅恪也掄了幾拳。

一九三二年夏，陳寅恪應邀擬寫清華大學入學考試試題，陳寅恪深受當時教育制度的摧殘，於是一改往常，來了點開放點的對子，其中有一道是「孫行者」。結果學生對的讓他看了差點噴血，有人把「孫行者」的後聯對爲「豬八戒」，甚至還有「唐三藏」、「牛魔王」、「沙和尚」的，可見當時的考試制度殘害了很多國家未來的幼苗。

抗戰期間，日本瘋狂進攻中國，派出飛機狂轟濫炸。當時陳寅恪在昆明西南聯大教書，經常要躲避日本空襲。有一天陳寅恪又「跑警報」，他看到在離郊區不遠的地方，有個人挖了一個坑，上面蓋上一塊很厚的木板，飛機來了就躲進坑裏面躲避。陳寅恪來了靈感，回去做了一副對聯：「見機而作，入土爲安。」

陳寅恪做事很有原則。一九四六年，陳寅恪從歐洲回到了清華。但此時陳寅恪已經雙目失明了，身心都很疲憊，歷史系主任雷海宗勸他休養幾天。陳寅恪不僅沒有休息，還要多開一門中文系的課。雷海宗的助手勸他：「一門課都很辛苦，就別開了吧。」陳寅恪說：「當一天和尙還撞一天鐘呢。你拿國家的工資，怎麼能不幹活？」

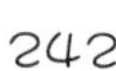

實在有夠力——熊十力

熊十力曾經自稱「熊十力菩薩」，他本名叫熊繼智，卻在自己的書上署上「黃岡熊十力造」，引起異議，因為在印度只有被尊為菩薩才可以用這說法，由此可見，熊十力是多麼的狂傲。小的時候，熊十力便口出狂言：「舉頭天外望，無我這般人。」他的父親嘴巴都張到了地上，他哥哥喃喃地說：「確實沒見過這麼搗蛋的。」

熊十力總是能作出一些驚人的舉動，形象地解釋了行為藝術的含義。有一次，郭沫若來看他，給他帶來一隻老母雞，然後一起痛罵蔣介石，讓熊十力十分高興。後來蔣介石做了委員長，熊十力依然以臭罵蔣介石為樂，有時甚至看到哪個報紙上有蔣介石，就把報紙撕下來塞到自己褲襠裏。

熊十力跟著梁漱溟混過一段時間，那時兩個人都沒有固定工作，十幾個人擠在一個大通鋪裏生活。因為生活拮据，大家都跟著梁漱溟吃素，可熊十力是那種沒肉就活不下去的人，就每天問「炊事員」薄蓬山：「給我買了幾斤肉？」薄回道：「半斤。」熊十力一看這麼少就開罵了，過了兩三天，又問，對方回答說：「八兩。」熊十力說：「這還差不多！」其實半斤等於八兩。

熊十力這個人很橫。有一次，他和梁漱溟因爲學問上的問題發生了分歧，就吵了起來。這個湖北佬伶牙俐齒，梁漱溟是北方人，木訥寡言，當然吵不過他了。吵得沒話說了，梁漱溟扭頭就走。熊十力還不解氣：「想走?!」說著一下撲過去，往梁背上就搗了三拳，還大罵：「笨蛋!笨蛋！」據說「罵聲繞梁半日不絕」。

熊十力雖然是個哲學家，但他也很有革命家的天分。他早年就跟宋教仁、黃興等人經常來往。曾經有人說武漢不適合發動革命，熊十力說：「怎麼會!武昌是南北樞紐，又在長江下游，能夠影響天下的安危，最重要的是這裏有張彪等庸才管理軍隊，如果能夠策反了軍隊，那革命可就指日可待了。」

一次，李耀先去拜訪老師熊十力，老師留他在家吃飯。熊十力給李耀先碗裡弄了十個湯圓，李耀先憋著勁吃了九個，還剩下一個。李耀先爲了禮貌，又要把最後一個給吃掉，可惜吃了一半實在是吃不下去了。熊十力看到了，大吼一聲：「你連這都吃不了，還做啥學問?!」李耀先被嚇了一跳，頓時感覺肚子大了很多，吃掉了最後半個。

文壇泰斗——林紓

林紓曾經在北大任教，這個書呆子有時也會很調皮。有一天，他看到底下的學生聽自己講課都快睡著了，就給大家講故事，說：「從前有一個花和尚，在一座橋上看見一個美女扭著屁股走了過來。」底下的學生來了興致，都不睡覺了，問：「那後來呢？」林紓說：「後來，一個向東，一個向西，走了。」

林紓很講情義，有義氣。曾經有一個朋友跟他借錢，他就把自己賣畫的四百個大洋全部給了朋友，朋友還堅持寫了個欠條。結果沒幾天，朋友生病死了，林紓去祭奠，在朋友靈前把欠條給燒了。他寫道：要是哥倆都活著，還不還都一樣，現在朋友死了，自己如果也死了，有欠條就會產生經濟糾紛，所以不如燒掉好。

林紓小的時候就狂妄不羈，常常腰裏掛個破劍，滿身酒氣，在街頭高歌短吟，看到別人指指點點就說：「凡夫俗子，懂啥？這叫藝術！」一次他和朋友在福州名剎湧泉寺旅遊時，遊興大發，毫無顧忌地大口吃牛肉，大口喝酒。寺內的僧人見了，實在是拿他們沒有辦法，只好閉目合十，連呼：「阿彌陀佛，善哉，善哉。」

林紓的翻譯事業，有很大的運氣成份在裏面。一八九七年，林紓的妻子過世了，他沉浸在哀悼亡妻的悲痛中，他的朋友怕他在家悶壞了，就把他叫出去遊玩。途中談到小仲馬的《茶花女》寫得跌宕起伏，就是中國人大多英語盲，於是慫恿他做翻譯，禁不住朋友的勸說，他決定以此來消遣，最後書編出來，竟然一炮走紅。

林紓身爲文壇界的泰斗，很多人都來求見，他們想借助林紓的威望爲自己裝門面。袁世凱掌權之後，對他更是威逼利誘，欲籠絡他，林紓卻誓死不從，並寫一首詩明志，意思是道不同不相爲謀。袁世凱見金銀財寶無法讓老爺子動心，於是就出友情牌，老爺子不但不領情，還痛罵袁世凱。袁世凱無奈只好作罷。

林紓出名之後，引來了不少美女的愛慕，其中有個叫謝蝶仙的妓女，對他更是垂涎三尺。她傾慕林紓的才華，更是瞭解到他妻子亡故，正處於感情的「真空期」，於是便向林紓展開了猛烈的愛情攻勢，準備用自己的柔情感化這個才子。但是林紓顧忌很多，面對謝美女的倒貼攻勢，總是冷冷拒絕，最後謝蝶仙一氣之下，嫁給了一個富商。

段祺瑞想請林紓出山擔任新內閣總理顧問，林紓對這些小人的心思當然是心知肚明，於是當著段祺瑞的面誦了一首詩，委婉地告訴段祺瑞，自己不吃這一套。段祺瑞

自然是不甘心的，還想再威逼利誘一番，不等段祺瑞開口，林紓便又給段祺瑞量身訂做了一首詩，諷刺他，段祺瑞自討沒趣，只好灰溜溜地走了。

聞一多也曾經借迷信忽悠大家。一九四五年五月四日，昆明市的學生大遊行，天忽然下起了雨來，一些學生就準備不去了。聞一多一看學生們都要走，就走到一個很高的臺子上，跟大家說：「武王伐紂時，天也下了很大的雨，那時都說是老天爺給我們洗兵器的『天洗兵』，今天，我們也是『天洗兵』。」學生情緒穩立刻定了下來。

聞一多是個古怪的人，上課的方式也很古怪。一次，他在上課前，拿出菸盒給學生抽，學生們都笑笑沒有人接。聞一多就自己給自己點了一支，弄得教室裏雲煙霧繞，差點就看不見人了。突然從菸霧裏蹦出聲音：「痛——飲——酒，熟——讀——離——騷，方——得——真——名——士。」才開始上課。

聞一多在西南聯大時，讀書很用功，沒什麼事一般都不下樓。有一次，鄭天挺去看他，他還是不下樓，鄭天挺就說他：「你何妨一下樓呢？」聞一多覺得這個名字不錯，就把自己住的地方叫做「何妨一下樓」，自己是「何妨一下樓主人」。過了幾年，聞一多果然「何妨一下樓」，卻被國民黨特務暗殺了。

一九三五年十二月，六十六歲的熊希齡和三十三歲的毛彥文在上海結婚，老牛吃了嫩草。當熊希齡把毛彥文追到手後，毛彥文讓他把鬍子剃了，熊希齡就把留了二十年的長鬍剃掉了。有個老朋友對他說：「秉三，你已經六十六歲，年紀不小了，何必多此一舉呢？」他笑著答道：「就是要求在此一舉呀！」說完兩人哈哈大笑。

一九三七年長沙臨時大學，蔣夢麟、張伯苓、梅貽琦三位校長視察學生宿舍。看到學生宿舍很破爛，蔣校長說不能住，張校長說有這樣的宿舍就不錯了，鍛煉學生。於是兩個人吵了起來，蔣夢麟說：「如果是我自己的孩子，我就不要他住這樣的宿舍！」張伯苓爭鋒相對：「如果是我自己的孩子，我就一定要他住這樣的宿舍！」梅貽琦不敢說話。

李宗吾曾經在四川任中學校長及省監學。有一年中學學生畢業，省府派李宗吾做主試委員，他主張認真考試，學生很恨他。一天晚上，好多學生把李宗吾拖出去打了一頓，臨走時罵道：「你這狗東西，還主不主張嚴格考試？」李宗吾被人扶起來，大聲說：「只要打不死，依然要考。」後來他帶傷監考，學生們都乖乖考試了。

抗戰勝利後，胡秋原給美國駐華大使赫爾利寫信，抗議「美國不應為了自己的

利益而犧牲中國領土的主權完整」。胡秋原在大使館把赫爾利辯駁得體無完膚，胡秋原走的時候，赫爾利說：「胡先生，你是我見到的中國人中，罕見的勇者。」胡秋原說：「不對，像我這樣的中國人多得很，只是大使先生在酒會或宴會上少見而已。」

郁達夫在安徽法政專門學校當老師，光棍了好多年，決定找個老婆。他提出的標準與眾不同：一是要年紀比較大的（還好這一口）；二是要長得醜（果然與眾不同）；三是要沒人愛（奇才，奇才！）。結果他真找了一個叫海棠的老婆，長得比東施稍微好了那麼一丁點，每個月的工資都上交給她。

馮友蘭在西南聯大教書，鬍子長得很長，而且天天穿著個長袍，跟個道士似的。馮友蘭也跟修仙一樣，主張人有自然境界、功利境界、道德境界、天地境界。有一次，馮友蘭去上課，路上遇見了金岳霖，金岳霖笑著問他：「老馮，搞到什麼境界了？」馮友蘭說：「天地境界。」說完兩個人哈哈大笑。

馮友蘭在美國讀書，在杜威家裏吃飯，看到報紙上說孫中山跟張作霖合作了。杜威問他：「孫中山已經上過很多當了，爲什麼還要跟軍閥合作？」馮友蘭說不知道。杜威說：「革命是靠實力進行的，實力有兩種，一種是刀，一種是錢。和軍閥合作只不過是聯繫起來。」「錢也有了，刀也有了，就有了一九二七年北伐的勝利。」馮友蘭總結道。

葉公超很能耍大牌，他做所謂「外交部長」時，笑呵呵地公開宣布：「我一天只看五件公文，其他的都不必送上來了。」每次蔣介石把他訓一頓，他回到部裏就把氣撒在自己的小弟身上。有人說：「他的脾氣一天猶如春夏秋冬四季，你拿不準去見他時會遇到哪一季，大家憑運氣，可能上午去看時還好好的，下午就被罵出來了。」

李宗吾先生一九一二年發明厚黑學，覺得古今中外的人都很厚黑。他最初的靈感來自三國英雄。他說：「曹操的特長全在心黑，劉備的成功全靠臉皮厚，而孫權呢，兩者都有一點，於是三人誰也降服不了誰，只有三足鼎立。」他由此發明了厚黑學，並自封「厚黑教主」。別人問他為什麼罵人，他就說：「我哪裡敢罵人，我是在罵自己。」

錢鍾書從來不讓媒體採訪他，他的名言是：「假如你吃了個雞蛋，覺得好吃，這就行了。何必要看生蛋的雞是什麼模樣？」他也從來不給自己過生日。在他八十大壽時，他家的電話都要被打爆了，都要給他祝壽，中科院還準備給他開個學術研討會，錢鍾書堅決不要：「不必花些不明不白的錢，找些不三不四的人，說些不痛不癢的話。」

葉公超先生教學方法非常奇特。他幾乎從不講解，一上課，就讓坐在前排的學生，由左到右，依次朗讀課文，到了一定段落，他大聲一喊：「Stop（停）！」問大家有問題沒有，沒人回答，就讓學生依次朗讀下去，一直到下課。有時會有幾個不識相的提問，他就大喝一聲：「查字典去！」房梁都震出灰來，學生就都不敢提問了。

陶成章從日本回國後，一直忙著革命。平時在江浙等地來回跑，聯絡會黨，策劃革命。他經常每天步行八九十里路，用麻繩當腰帶，穿著破鞋，臉不洗頭不梳的，因爲顧不上。他四次經過老家杭州，卻沒有回家。一次快除夕的時候，人們勸他回家過年，他說：「幸老父猶健，家計無憂，一至故鄉，恐被人情牽累，不能復出矣！」

抗日戰爭之前，豐子愷在蘇州居住。有一次，他去放生一隻雞，但又不忍心把雞倒過來提著，就把雞兜在了長袍裏。由於他用手兜著的布長袍裏鼓起了一團東西，樣子很可疑，引起了一個便衣偵探的懷疑，一路跟著他。後來偵探抓住他，一番解釋，豐子愷捧著要放生的母雞，讓旁邊的人笑了個半死。

廖季平是王湘綺的學生，是現代文學派的大腕，跟古文派勢不兩立。而章太炎則是個標標準準的古文派，所以廖季平一生最不喜歡章太炎，罵章太炎的紙堆起來也有好幾尺厚。有一年，章太炎想訪問四川，廖季平說：「他要是敢來，我就找人跟他辯論。」後來章太炎果然沒有來，廖季平很是得意：「看，章太炎怕我，嚇得不敢來了。」

民國有「四大」

民國「四大」很多。民國有四大美男：周恩來、梅蘭芳、蔣介石、汪精衛；民國還有四大公子：張伯駒、袁克文、張學良、溥侗；又有民國四大美女：陸小曼、林徽因、周璿、阮玲玉；接著是民國四大才女：張愛玲、蕭紅、石評梅、呂碧城；最後給大家介紹一下民國四大才子，他們分別是：徐志摩、郁達夫、邵洵美和戴望舒。

張伯駒是「民國四公子」之一，也很有學問。潘素原來是一個千金小姐，可惜家道中落做了妓女，而且被人包養。身爲鹽業銀行總稽查的他在上海看見了潘素，覺得沒有比潘素長得更漂亮的人了，就發動了一場軍事突擊，把潘素從被國民黨軍官包養的住所搶了出來，兩個人回到北京結了婚，白頭偕老。

鹽業銀行董事張伯駒身爲壟斷行業的巨頭，生活卻很簡樸。平時公司裏的事他不怎麼操心，生活中也很低調。他不抽菸、不喝酒、不賭博、不穿絲綢西裝等，是個

「四好男人」。常年一身長衫的他吃飯的時候也非常隨便，有個大蔥炒雞蛋就已經算是改善伙食了，坐汽車也不講派頭，四個輪子能轉就湊合著開。

戴季陶喜歡以貌取人，那是出了名的。有一次，司法部想任用一個叫李開燈的高材生做立法委員，但戴季陶看這個學生長得「很不入時」，相當委瑣而且高領短袖，很不合老戴的口味，就說他：「這樣的上海小開樣，得多磨煉幾年！」於是這位仁兄的前途直到抗戰勝利後才重見光明，可見長相的重要性。

張樹聲說話時語速很慢，邊拖邊講，跟京劇道白差不多。每當他說話時，旁邊的人就笑彎了腰。有一次，馮玉祥讓張樹聲喊日本醫生矢原謙吉，張樹聲喊道：「矢大夫——咱們的——馮先生——又想請您老——去吃一頓——白菜豆腐——就大饅頭了——」矢原謙吉也很搞笑，回道：「張——先生——我——知道——了——」

王國維這個人很嚴肅，不喜歡應酬。因爲他是金石學家，所以經常有人來讓他看寶。如果他看了是假的，就會說「靠不住的」。而來人有時似乎很不情願自己弄了個贋品到手，就讓他再仔細看看這個古器色澤如何古雅、文字如何精緻、什麼書上有類似的著錄，王國維看了以後，也只是簡單地說句「靠不住的」，從不失手。

前清翰林宋育仁有復辟的企圖，不料自己的同鄉向步軍統領江朝宗寫了一封檢舉信，本以爲逮進警局，就要受皮肉之苦了，誰知道來拉自己的竟是一輛豪華馬車，而處理的結果也是極爲荒謬，說宋翰林精神上有問題，返回原籍留待查看，袁世凱知道之後，不僅覺得判得重，還送給他三千多元做盤纏。

一九三四年，司徒雷登回美國，突然接到燕京大學讓他回學校的急電。那時學生都請願反對消極抗日，一些教授則反對學生罷課。有人覺得司徒雷登作爲校務長應該不會支持學生罷課請願。誰知道司徒雷登說：「我下了船，第一句話就是問燕大的學生是否來請願了？聽到是我才放心，要是你們不請願，那我就白教育你們了！」

林語堂很幽默，林語堂在《一夕話》中寫道：「沒有幽默滋潤的國民，其文化必日趨虛僞，生活必日趨欺詐，思想必日趨迂腐，文學必日趨乾枯，而人的心靈必日趨頑固。」林語堂在杭州玉泉買一銅雀瓦，付款後對攤主說這是假的。攤主嚴詞詰問：「你爲什麼要買假古董？」林回答：「我就是專門收藏假古董的。」

林語堂語言鋒利，文筆相當尖刻。有一次他說：「不管怎樣，無論怎樣混法，能混過這上下五千年，總是了不起的，說明我們的生命力很頑強。」等到大家驚訝得嘴還沒有合住的時候，他又說：「文人不敢罵武人，所以自相互罵以出氣，這與向來妓女罵妓女，因爲不敢罵嫖客一樣道理。」於是人們笑得半個小時之內嘴是合不住了。

林語堂提倡生活中有幽默才有快樂，多搞點幽默玩意，也就不枯燥了。有一次，林語堂去一個美國夜總會，他穿著長袍，嘴裏銜個煙斗，一個美國人以爲他是唐人街洗衣店的老闆，就問道：「先生，您開什麼店？」林語堂很生氣：「我是林語堂。」然而對方追問：「那麼，做點什麼買賣？」林語堂憋著說：「我出賣《吾國與吾民》。」

一九三一年，梅貽琦就任清華大學校長，當時清華的師生是很難搞的，看哪個校長和教授不順眼就把他趕回家去，今天倒個段教授，明天趕個朱校長，相當「民主」。可是梅貽琦當了校長，好長時間過去了，卻沒人趕他走。有的人就納悶了，去問老梅有什麼秘訣，老美的回答很精闢：「大家喜歡倒『梅（霉）』嗎？」那人恍然大悟。

一九二七年「寧漢合流」後，不入流的政府開始大肆捕殺革命人士。沈雁冰爲了安全，不得不從武漢到上海避難。沒有工作的他，只好寫小說賺點生活費來糊口，可人家又不要他的小說，眼看自己連買菜錢都沒有了，於是很矛盾。就把「矛盾」當成了自己的筆名，一來二去，又往頭上戴了頂草帽，變成了「茅盾」。

錢穆和胡適曾經為了在學術問題上到底是先有老子還是先有孔子，展開了一場激烈的口水大戰。胡適覺得孔子曾經為了學老子的家底端過茶送過水，所以老子應該是第一。而錢穆覺得老子寫書寫得晚，根據版權來說，孔子才是老大。到最後，兩頭驢誰也沒有倔過誰，罵得口乾舌燥渴得不行，回家喝水去了。

曹聚仁喜歡閱讀，每次都訂好多報紙刊物。一個文學青年去他家做客，看到那麼多書，心裏不免癢癢，想跟曹聚仁借點書看看，回去好大飽眼福。老曹說不行，那位青年問：「為什麼啊？」曹聚仁一指書房側貼的小紙條：「書與老婆不借。」那人由衷讚嘆，現在的人真是越來越狠了。

林覺民是黃花崗七十二烈士之一。當時林覺民被抓審訊的時候，用英語作答，主審看他形象好氣質佳，就下令給他上座，張鳴歧看到林覺民，對幕僚說：「真是個完美的男人啊！」幕僚說：「的確長得帥，字也寫得不錯，英語也很棒……那要不要留著？」張鳴歧說：「這樣的人要是留下來，有礙社會發展！」於是林覺民就被殺掉了。

張竹君是個時尚達人，在當時不僅開辦了西醫醫院，每次出門還戴著禮帽，穿著男士西裝。坐的轎子是敞篷的，四個人抬著，這一身打扮，當然回頭率是百分之好幾

百，張竹君覺得不好意思，出門的時候就拿一本洋書坐在轎子上假裝看，可惜把書拿反了，於是「張竹君坐大轎──倒看洋書」成了當時的笑話。

民國時候，歷史資料都很不值錢，還不如一卷衛生紙。顧頡剛先生曾經在《古史辨》當中這樣寫道：「十幾年前，北平的歷史博物館嫌明清內閣大庫的檔案堆積得太多了，又占房屋，又費功夫，覺得討厭，所以就把其中不整齊的裝了八千麻袋，賣給紙廠，作爲造還魂紙的材料……」總之用途都很廣泛，包糖果什麼的都有。

地質學家李春昱到東北去轉悠，見到了日本人給溥儀建造的僞皇宮，就進去看有沒有什麼發現。文物古董之類的沒見到，只發現了一本帳本，帳本上，連溥儀皇后買旗袍料子一塊兩毛錢，溥儀賞給車夫兩毛錢這種賬都記載得清清楚楚。由此可見，溥儀在日本人的傀儡脅迫下，生活得很不如意。

傅斯年是個很重情義的老實人，天性很仁慈，不過卻很恨狗。有一天，傅斯年在午睡，一隻狗跑到他床邊舔他的手，傅斯年驚醒了，追打那條狗，他卻把桌上的眼鏡打落到地上跌碎了。他妻子開玩笑地說：「虐待動物也是一種犯罪啊，要坐牢的。」誰知道傅斯年卻「惱羞成怒」，三天不跟妻子說一句話。

傅斯年是個有抱負的人，他的理想很遠大。一次傅斯年在蔡元培家喝酒，幾個人都喝得不成樣子。傅斯年摟著蔡元培的脖子說：「鶴卿兄，等我們國家強大了，不僅要把小日本給滅了，就是西洋的鬼子，我也要把他們趕到蘇伊士運河西邊，從北冰洋到南冰洋，我都要把他們給『郡縣之』，你說好不好？」蔡元培驚訝得一時說不出話來。

傅斯年主持中央研究院歷史研究所，非常重視發掘史料。傅斯年曾經買來了清朝的內閣大庫檔案，花了不少錢，卻沒能淘到什麼寶貝，讓人有一些失望。有一次，傅斯年對李濟說：「沒有什麼重要發現。」李濟聽完說道：「什麼叫重要發現，難道你要從裏面找出清朝沒有入關的證據？」傅斯年聽了哈哈大笑。

因爲中醫問題，傅斯年與提案的孔庚展開了口水仗。孔庚辯不過傅斯年，就在座位上開罵，髒話一大堆。傅斯年氣得說：「你侮辱我，會散之後我要和你決鬥。」散會後，傅斯年攔在門口，可是他見孔庚已是七十多歲的老頭，瘦不拉嘰的，就說：「你這樣老，這樣瘦，不和你決鬥了，讓你罵了罷！」

抗戰期間，傅斯年主持的中國研究院歷史語言研究所從昆明搬到了四川南溪縣李莊鎮，研究所裏藏有許多從不同地區發掘的人頭骨和其他部位的骨骼，跟圖書什麼的

一起放在架子上。不久，這些東西被當地人發現了，於是每到夜裏，便有人站在山上喊：「研究所殺人了，研究所殺人了！」

傅斯年和李濟以及裘善元三個人去參加重慶的一個宴會，結束後，宴會主人給他們喊了滑竿。六個滑竿工人興奮地等在門前，第一個是裘善元出來了，由於比較胖，眾工人一番推辭，有兩個倒楣的抬著走了；第二個是李濟，更胖，只好有兩個自認倒楣；到傅斯年出來，工人一看，是前兩個的終極加強版，抬起滑竿，人也不抬了，一溜煙就跑了。

一九四六年年初，蔣介石準備拉傅斯年做國府委員，傅斯年堅決不肯。蔣介石死了心，轉而想拉胡適進入政府，傅斯年對胡適說，一旦加入政府，說話的自由和分量就沒有了。「一入政府，沒人再聽我們一句話。」要保持名節。其中有一句話很給力：「借重先生，全爲大糞堆上插一朵花。」正是這句話，打消了胡適做官的念頭。

在北大紅樓內的校史展覽室中，陳列過那時教職員工的工資表原件。劉文典那時的月薪是一百六十元大洋，蔡元培是校長，月薪最高：三百元大洋。魯迅不過是六十元的講師月薪。胡適這位洋博士也只有一百掛零。陳獨秀在名冊上排第三，月薪一百五十元大洋。

＊微歷史大事記＊

一九一一年十月十五日，由胡石庵一個人擔任記者加編輯加老闆的《大漢報》創刊。

一九一一年九月廿五日，章太炎回到上海，向黃興提出「革命軍興，革命黨消」的勸告。

一九一四年一月七日，章太炎被袁世凱軟禁在龍泉寺。

一九一八年四月十八日，胡適在《新青年》發表《建設的文學革命論》，推行白話文。

一九一九年五月八日，「五四運動」爆發後，蔡元培為抗議政府逮捕學生，辭北大校長一職。

一九一九年九月廿五日，張伯苓創辦南開大學。

一九二二年五月一日，郭沫若和郁達夫編輯《創造季刊》。

一九二六年十月三日，徐志摩與陸小曼在北京北海公園舉行婚禮。

一九二九年一月十九日，梁啟超在北京協和醫院逝世。

一九三一年十一月十九日，徐志摩在一次飛機事故中不幸英年早逝。

第六章

民國政壇也很拽

九次落第的狀元

張謇一生做了很多事，給後人們留下了許多的財富。有人評價張謇，說他在近代中國史上是一個很偉大的失敗的英雄，他獨自開闢了無數條新路，做了三十年的開路先鋒，養活了幾百萬人，造福一方，影響了全國。他走的是一條實業救國的道路，不斷地摸索新中國前進的方向，最後因為他開闢的路子太多，累死了。

張謇曾經九次落第，從十六歲考取生員開始，到廿七歲前後五次去江寧考試都沒被錄取，到了三十三歲，才考上了舉人。之後又考了三次試，結果被頂替了兩次，終於在四十一歲那年考上了狀元。前後考了廿六個年頭，進出科場二十多次，直接耗費在考場上的時間合計就有一百二十天，他老爸聽到他考了狀元，終於閉上了眼。

實業家張謇是晚清的狀元，可他小的時候一點也不聰明。他參加縣裏的考試，成績很差，老師說他：「假若一千人應考而錄取九百九十九人，那最後一名必定就是你！」他回到家裏寫了許多張「九九九」的字條，貼在醒目的地方，鞭策自己。在他的努力之下，成績好了起來，終於考取狀元，揚名天下。

就是要自由

一九一二年五月，黃興推薦馮自由出任稽勳局局長，稽勳局，就是督查表彰革命黨人的，這麼有油水的工作，當然要老資格。馮自由才三十歲，爲什麼就能被舉薦呢，是因爲馮自由從十三歲時就參加了革命，成了一個「革命童子」，在民初，實在找不出幾個比他資格更老的。所以，革命也要趁早啊！

馮自由原來不叫馮自由，他叫馮懋龍。這小孩從小就很倔，你讓他往東他偏往西。當時康有爲對「自由」二字很反感，梁啓超也表示不可再用「自由」、「獨立」，建議改成「自立」，當時馮懋龍正在大同讀書，聽後相當氣憤，當場把自己的名字改爲「自由」，並說：「看誰敢侵犯我的自由。」

中國第一個法學博士和亞洲第一個大律師

一九一一年，伍廷芳在上海張園舉行了一場特別的典禮，聚集了一千多個人，不是在舉行集體婚禮，而是在集體剪辮子。三十多位理髮師從早上六點剪到了晚上六點，時間不夠又加了班，總算把千把人的馬尾辮給剪掉了。受此影響，上海掀起了一股剪辮子風潮，一些日本理髮師也來湊熱鬧，竟然賺了一筆小財。

伍廷芳是個駐美公使，剛從崗位上光榮退休，早在一九一〇年六月，伍廷芳就曾上奏清廷請求剪辮。他說，居住在美國的七萬華人因爲天天拖著一條油晃晃的小辮子，而遭到外國人的歧視，而且上班時，一不小心辮子如果被機器壓住了，小命都沒有了，所以要求清政府能夠同意把小辮子給剪掉。清政府說「辮子」是國家的象徵，要剪把頭也給剪了。

伍廷芳研究衛生學和靈魂學，決定戒菸戒酒，改吃素。平時參加外交活動的大小宴會，也都不吃葷腥。他的兒子見父親身體虛弱，於是暗中燉一碗嫩雞湯，去油後弄在青菜豆腐湯裏。伍廷芳吃了之後覺得很好，後來，他才發現湯裏有細雞肉絲，正要發火，看見兒子在那偷笑，知道是兒子搞鬼，笑一笑過去了。

伍廷芳很擅長辯論。他在倫敦法律學院攻讀西方法律，取得了法學博士學位並獲得大律師資格，由此成爲中國第一個法學博士和亞洲第一個大律師。上海獨立後，陳其美跪著求伍廷芳出山，幫助南北和談，伍廷芳運用自己超常的三寸不爛之舌，促成

了多項協議，讓孫中山這個袁世凱的死對頭當上了大總統，氣得袁世凱牙癢癢。

罵人天才吳稚暉

吳稚暉是個罵人的天才、奇才加人才！他在《豬生狗養之中國人》中罵梁啓超：「梁賊、梁強盜、梁烏龜、梁豬、梁狗、梁畜生，聲音雌雄都有，說話都是放屁。」五四期間，出國留學回來的人很多，吳老爺子又開罵了：「就像面餅一樣，拿去外國炸一炸，回來就變成蓬鬆碩大的大油條了。」

吳稚暉身爲堂堂的國民政府大員，行爲作風實在是令人不敢恭維。吳稚暉常幹出一些與自己身分極不相符的事情來。有一次，吳稚暉到了無錫，肚子莫名的痛了起來，讓人大跌眼鏡的是，他沒有去高級乾淨的廁所解決私事，而是跑到野外爽了一把，回去之後還大談拉屎的痛快，讓正在吃飯的人大掃興致，差點噴飯。

吳稚暉是「無政府主義者」，嚮往理想社會。人們問他：「你的願望那麼美好，可是什麼時候才能有個盼頭呢？」吳稚暉說：「這得經過人們共同的努力，不斷進化。我看嘛，三百年後，差不多就能實現了。」後來又嫌不夠，把三百年改成了三千年，再後來又覺得：「三千年應該也不夠」，改成了一萬年。

汪精衛經常跟吳稚暉吵架，每一次都吃虧。吳稚暉腦子靈光，還有收藏信件的習慣，所以汪精衛不記得的東西，吳稚暉總是記得很清楚，所以兩個人打口水仗的時候，汪精衛總是討不到半點便宜，總搞得灰頭土臉的。時間長了，汪精衛就不跟吳稚暉吵架了，說：「這個人我不理。」吳稚暉笑了，說：「是理不起吧！」

國民黨元老吳稚暉開會時和王樸吵起架來。脾氣暴躁而且口吃的王樸說不過吳稚暉，就開口大罵：「老王八蛋！只會嬉皮笑臉，你懂個屁！」吳稚暉看大家都愣了，慢慢地說：「王先生，你是不是氣傻了，我姓吳，不是你本家！」全場緩過神來，爆笑。王樸氣得臉都發紫了：「你——你——你」一時說不出話來。

一九四三年，蔣介石邀請吳稚暉做國民政府主席，吳稚暉搖頭拒絕。他說：「我平常的衣服穿得很隨便簡單，做元首要穿燕尾服、打領帶打領結，我覺得不自在。」、「臉長得很醜，不像一個大人物」、「我這個人愛笑，看到什麼會不自主地笑起來，不要哪天外國使節來遞國書，我不由得笑起來，不雅（**他牙齒掉了，沒裝假牙**）。」

蔣經國很尊敬老師，他曾送給老師吳稚暉一輛人力車。吳稚暉靈感大發，讓蔣太

子拿來鋸子，氣喘吁吁地幫他把拉杆鋸掉了。然後搬到屋裏，懶洋洋地往上一坐，返老還童：「我現在有一個沙發椅子嘍！」太子很鬱悶，吳老師又發話了：「沒腿的才讓人拉，我有兩條腿，何必要費事呢！」

一九四五年，《說文雜誌》要給吳稚暉搞一期「吳稚暉八十大慶專集」。吳稚暉相當反對：「我是偷來的人生，出生前，祖母曾托夢給外婆，說從陰間奈何池裏用秤鉤鉤出來這個孩子，趁閻王爺打瞌睡時逃出了鬼門關，以左臂上有秤鉤傷的傷疤爲記。此子出生後，千萬不能做生日，因爲是閻王的逃犯，被閻王知道了要捉拿歸案的。」

張靜江很仰慕孫中山的革命精神，曾經慷慨資助。一次，張靜江在輪船上看到了孫中山，就直接說：「我知道你是孫中山，我支持你的革命事業，要是用得著錢的地方，找我就行了！」並留下了銀行帳號和三個字，如果用錢的時候，發電報打第一個字一萬，第二個字兩萬，第三個字三萬。後來果然把錢匯來，資助了孫中山。

張靜江爲人慷慨，樂於助人。張靜江與陳其美是好友，在陳家認識了陳其美的小弟蔣介石。陳其美被殺後，張靜江就把蔣介石安排到交易所上班。蔣介石是軍人出身，哪懂這些證券股票什麼的，越搞越差，賠得一乾二淨。只好向張靜江借錢花，張靜江也不說什麼，有求必應。蔣介石在他的救助下得以度過危機。

書生革命家——胡漢民

胡漢民是個書生革命家，那時他見到孫中山，被孫中山的革命精神所吸引，進了同盟會，老婆和妹妹也加入了同盟會。保皇派在東京舉行對前輩的紀念大會，胡漢民跑到人家的講臺上，駁斥「保皇就是愛國，革命必定亡國的」的論調，演講了三個小時，台下的人都開始鼓掌，保皇派的那些人竟然沒有一個人敢上臺說話。

一九一二年，孫中山當上了大總統，胡漢民做了秘書長。安徽前線求餉，孫中山大筆一揮撥二十萬，胡漢民持手令去國庫一看，「僅存十洋。」胡漢民挪用了粵軍軍費，好不容易湊了十萬交給來使，來使還罵了老胡一頓。後來孫中山對兒子孫科說起自己和胡漢民的關係：「你漢民叔叔雖然不能替我辦事，卻總是替我背黑鍋啊！」

一九二一年五月五日，孫中山當了非常大總統，胡漢民任總統幕僚長。一天，孫中山發現胡漢民扣了自己好幾份手令，很生氣：「你竟然敢擅自扣發我的手令！」胡

漢民將那些手令倒了一桌：「這是人事不當的任命，那是時機不合的調遣……古代還有大臣封駁詔書，況且你的革命誓詞中還有『慎施命令』一條！」孫中山乖乖認錯。

胡漢民與孫科不和。他曾經對人說：「孫科有三種脾氣：第一，他是孫中山的兒子，有革命脾氣；第二，他在國外長大，有洋人脾氣；第三，因爲他是獨子，有大少爺脾氣。而這些脾氣，有時發作一兩種，有時三種一起發，誰都受不了。」對方反問道：「那您有啥脾氣？」胡漢民回答：「俺只有追隨孫中山的革命脾氣而已。」

胡漢民曾經對張學良說，在總理面前的曾經有兩個人，一個是汪精衛，一個是他自己。孫中山老是派汪精衛出去做外交，幹外交的就得說假話，不能說真話。因此，汪精衛習慣了說假話，見了誰都說假話，跟總理也說假話。而自己是幹內務的，得說真話，什麼都跟總理說，結果得罪了總理。

胡漢民年輕的時候當過「槍手」。那時他很想出國留學，但是家裏經濟條件不允許。他在《嶺海報》做記者，大家都知道他文采很好。於是一九〇二年秋舉考試時，有兩個富家兄弟私下請他當「槍手」。胡漢民冒名頂替，讓那兄弟倆都上了榜，事成之後給了他六千大洋的酬勞。拿著這筆錢，胡漢民東渡日本留學，圓了多年的夢。

民國建立後，胡漢民任廣東都督。聽到自己的叔父做了大官，胡漢民哥哥的女婿孫甄陶就要來蹭蹭光，討個都督府中的公務員當當。胡漢民找了個人事滿了的理由拒絕了。孫甄陶不死心，又說，那你給我個事務所的所長當當也行，胡漢民回信道：「所長那就得有所長，你有什麼所長做所長？」孫甄陶沉默了。

一九三一年二月廿六日，胡漢民被蔣介石軟禁在小湯山。蔣介石害怕他勢力越來越大，要求他辭職。他見到蔣介石，問：「你近來有病嗎？」蔣介石被問暈了，連忙說：「沒有啊。」胡漢民吼道：「那很好，我以為你發了神經病了！」接著對蔣介石強加在他頭上的「罪狀」一一批駁，兩個人辯論到了第二天早上。

胡漢民當上了國民政府立法院長，時刻覺得自己是個國民黨元老，不僅連蔣介石的心腹要罵，甚至連蔣介石也要罵。一九三一年二月廿八號那天夜裏，部下排著隊來訴苦，蔣委員長不得不去讓胡漢民架子擺小點：「胡先生責備他們不如責備我吧。」胡漢民反而更威風了：「我又何嘗不責備你，可是你老是左耳朵進右耳朵出。」

一枝獨秀——陳獨秀

陳獨秀在上海指揮過許多次罷工運動，運動的大小細節，都是工運幹部和他一

起開會決定的。由於經常夜裏出去開會，害怕別人懷疑，就得打掩護。一天晚上夜很深的時候，陳獨秀又開會回來，在弄堂裏，爲了迷惑弄堂的看門大爺，陳獨秀一邊走，一邊說：「那個三番沒有弄成，真可惜，已經聽張了，七條一定有，但總出不來……」

陳獨秀跟蔣夢麟都是前清秀才，但陳獨秀是八股秀才，蔣夢麟是策論秀才。兩個的區別就像是八股秀才是國家統一錄取的考生，而策論秀才是自考錄取。有一次，陳獨秀問蔣夢麟：「你那個秀才是什麼秀才？」蔣夢麟說：「我這個秀才是策論秀才啊。」陳獨秀說：「你那個秀才不値錢，我是八股秀才！」蔣夢麟作揖說：「失敬，失敬。」

陳獨秀在《研究室與監獄》一文中說：「世界文明發源地有二：一是科學研究室，一是監獄。我們青年要立志出了研究室就入監獄，出了監獄就入研究室，這才是人生最高尚優美的生活。從這兩處發生的文明，才是真文明，才是有生命有價値的文明。」我們看他的一生，確實這兩個地方他都去實驗了。

一九一九年十月十五日，陳獨秀被捕了，全國各地都發來電報爲陳獨秀求情。反對白話文的古文家馬通伯、姚叔節等說：「雖然陳獨秀的言論不怎麼的，但他的學問還是可以的。」要求保釋陳獨秀。後來胡適跟陳獨秀談起這件事，說：「在反對白話文最激烈的時間裏，居然還有幾個古文家爲你求情，可見他們還是有一點人情味的啊！」

陳獨秀和自己的老婆天天吵架，就喜歡上了自己的小姨子。小姨子高君曼畢業於北京女子師範，見識廣，又是陳獨秀的粉絲，兩人見了一次之後，就不得了了。兩方長輩覺得這比陳獨秀鬧革命還要恐怖，千方百計加以阻撓，但還是不能阻止兩人的愛情，最後兩人私奔了。

陳獨秀說話很直爽。有一天，沈君默送了一首詩給劉繼平，劉繼平就把它掛在牆上看，結果陳獨秀過來了。陳獨秀看了後，問沈君默是何方神聖，後來陳獨秀專門到沈君默家大喊：「我是陳獨秀，昨天看到你的詩，詩寫得不錯，不過字卻是爛得很！」沈君默聽了，從此有了強勁的動力，苦練書法。

做官的原則

本來譚延闓是可以做狀元的，可是由於跟「反賊」譚嗣同一個姓，慈禧看著不吉

利，就把他撇到了一邊。那時天又大旱，改點劉春霖爲狀元，因爲「春霖春霖」就是春天下雨的意思，可見起個名字也得謹慎，必須吉利點。不過，如果譚延闓不姓譚，說不定這會只能跟劉春霖的名字一樣，翻古董書才能看到了。

譚延闓原先不是革命黨，而是立憲派。當了「諮議局」的議長後，譚延闓覺得「諮議諮議」不就是要實行監督嘛，於是上任不久就彈劾了湖廣總督瑞澂，說他不講理。譚延闓的「犯上」舉動，不僅讓上級瑞澂很不高興，連聖上也發火了：「叫你們『諮議』，你們還真敢『議』啊？」譚延闓被上頭罵了幾句，才知道原來都是打醬油的。

革命爆發後，譚延闓沒有被逼上梁山，而是一路小跑著自己上了梁山。憑藉著「誰都不得罪」的宗旨，譚痞子每天還把「文明革命」掛在嘴邊，開始了耍滑頭，一路上跟個泥鰍一樣，領著自己的小弟爭權奪勢，想讓屬下推選自己爲都督。結果長沙起義勝利，焦達峰和陳作新被推選爲正、副都督，譚延闓連根毛都沒撈著。

譚延闓是撿來的都督，有一段時間他仕途不順，在家賦閒。湖南新軍管帶梅馨帶領自己的士兵到都督府將焦達峰亂刀剁碎，半路上，副都督也被剁成了肉餡。兩個都督都死了，誰來督湘？梅馨下令：「去把譚延闓抬來！」士兵不知道譚延闓是誰，就跑到譚家：「譚延闓，大人喊你去都督府做官！」於是老譚就被「強迫」做了都督。

譚延闓雖然人混球，但寫的字還是不錯。黃埔軍校的校名「陸軍軍官學校」，還有中山陵石碑上的金字「中國國民黨葬總理孫先生于此」，都是出自老譚之手。由於怕老婆，譚延闓就成了美食家。閒著沒事的時候，老譚就下廚炒幾個菜，滿足老婆的胃口，越做越好了。現在「譚家菜」，中南派譚家菜就是譚延闓的私家菜。

譚延闓做官也有原則，一是不負責，二是不打小報告，三是不得罪人，所以你也知道這個官是個混球，於是上海的小報就寫了兩副對聯給他：「混之為用大矣哉！大吃大喝，大搖大擺，命大福大，大到院長；球的本能滾而已！滾來滾去，滾入滾出，東滾西滾，滾進棺材。」因此老譚又有了一個響亮的外號「滾蛋」！

徐紹楨曾經是江北提督，跟隨孫中山為了革命作出了巨大貢獻。孫中山為了酬謝他，給了他一百萬元的公債。徐紹楨把兩萬元辦了一份《民立報》，又用一萬元把禍國殃民的沈佩貞的「女子北伐隊」給遣散了，剩下了九十七萬，交給了孫中山。他說：「有錢的人不能革命，我還要跟著你革命，不能有錢！」

戴季陶是個完美主義者。戴季陶做了國民政府考試院院長，只要有點才的人就想

留下，大有學李世民「天下人才盡入彀中」的架勢。有一次，一個學生沒有被錄取，但是他程度夠了，戴季陶很是自責，在國民會議上主動要求懲罰自己。蔣介石一看遇見這樣一個呆頭鵝，很無語，只好把他三個月的工資給扣了。

Q 軍事奇才蔣百里

蔣百里是公認的軍事奇才，曾經取得天皇頒發的寶刀。蔣百里在日本士官學校留學，每年成績好就算了，畢業的時候還是第一名，讓日本人很沒面子。畢業時，按規定取得了日本天皇的賜刀，日本學生遭到了奇恥大辱。後來士官學校爲了避免尷尬，就把中日學生分開授課。回到國內後，蔣百里把日本天皇的賜刀每天砍柴用。

一九一三年六月十八日，蔣百里是保定陸軍軍官學校校長，他把全校師生集合到一塊，發表了演講。大致意思是，你們學生沒有遲到曠課早退，而自己卻辜負了學校，辜負了學生，辜負了革命，決定以死來使國家覺醒。說完對著台下說：「我對不起你們！」一槍打了自己，因爲旁邊的人攔了一下，沒打著心臟，沒有死成。

蔣百里自殺沒成功，袁世凱派了一個日本醫生給他治療，日本醫生把一個女護士留下來看護蔣百里。結果蔣百里受傷了也不老實，決定趁著治病的時間追求這個女護士，女護士曾經勸他不要自殺，他說的話很肉麻：「你不想讓我自殺，我就不自殺了。」後來蔣百里憑著厚臉皮，抱得美人歸。

蔣百里曾經帶著他的兩個孩子到德國，想讓他們在德國待一段時間。一個鄉下的老太太對他說：「孩子學習雖然很重要，但合群更重要，如果每天都只知道學習，那書呆子又有什麼用呢？多讓孩子們和別的孩子們打到一塊去吧。」蔣百里回頭對著孩子們說：「你們看看，這位老太太雖然老，但她的話卻很有道理啊。」

一九二三年，蔣百里和龔浩回北京的時候，路過徐州。看著窗外的風景，蔣百里突然感嘆：「將來有這麼一天，我們跟小日本打仗，津浦、京漢兩條鐵路肯定會被日軍佔領。我們國防應該以三陽爲據點，即洛陽、襄陽、衡陽。」龔浩聽了這個神話般的怪論，覺得很不可思議：「將來中日兩國掐起架來，中國怎麼也不會被占了這麼多吧！」

蔣百里很有遠見。「汀泗橋之戰」後，蔣百里跟吳佩孚請假去遊說孫傳芳幫忙。結果孫傳芳想隔岸觀火，漁翁得利，不給個準信。蔣百里一看，吳佩孚肯定會失敗，就一去再也沒有回來，結果吳佩孚從此一蹶不振，孫傳芳也付出了慘痛的代價。提前

開溜的蔣百里搖著鵝毛扇說：「不聽百里言，吃虧在眼前。」

蔣百里是一代軍事天才。第一次世界大戰中，他看到「馬爾納會戰」後，德軍將第六軍團東調，拍著桌子惋惜地說：「德國肯定是要敗了。」旁人問他爲什麼，他總結出德國有六點失策，其中一條是「滲透」。「滲透」是法國人的說法，英國人說起來則是「痾牛攻勢」，也就是通常所謂的「閃電戰」。

一九一七年，孫中山請章太炎到雲南去遊說滇系軍閥首領唐繼堯。章太炎到了昆明，看到昆明很是混亂，到處都是破爛不堪，煙鬼成群，很是失望。他回到住的地方，找來一個燈籠，寫上「大總統秘書章」幾個字，在大白天就提著燈籠上街了。大家看到了，很是奇怪，問他，他回答說：「這裏到處都是鴉片，太黑了，不照著點看不見路啊。」

抗戰期間，國民政府財政困難，物價飛漲，就是公務員的生活也很艱苦。福建省建設廳廳長嚴家淦去朋友家做客，在客廳看到了一張奇怪的照片：一人在椅子上坐著，另一個人在下面跪著，都是朋友一個人的照片。嚴家淦問這是怎麼回事，朋友說：「老哥，這你就不懂了吧，這叫求人不如求己啊！」

一九一九年巴黎和會，日本臉皮厚到了極點。日本厚著臉皮要索取山東的利益，中國代表顧維鈞問日本代表：「孔子幾千年以來在日本人也尊爲聖人，是吧？」日本代表說：「那是肯定的。」顧維鈞說：「聖人的家鄉就是聖地，日本承認孔聖人，那山東就是聖地不可侵犯！」日本代表很是窘迫，說不出話來。

駐美大使顧維鈞有一次在美國坐火車旅行，坐的是臥鋪。晚上車廂裏有個擦皮鞋的，顧維鈞看皮鞋也該擦了就給他擦，第二天，顧維鈞穿鞋一看是兩隻左腳！就去找那個黑人詢問，不料那個黑人嘆了一口氣，說：「哎，今天發生的事太奇怪了，剛剛還有一個客人的皮鞋，竟然兩隻都是右腳，真是太不可思議了！」

顧維鈞的老婆很時尚，在歐美都很出名。她很愛擺闊，在中國只不過是個外交家的第三任妻子，但在外國卻很出名。在歐美等國家，她是東方時尚女性的代表，在社交界甚至跟宋美齡齊名。在一次西方著名雜誌評選「最佳穿著」中國女性評選中，力壓宋美齡獲得冠軍。顧維鈞說：「陪女人逛街要錢，陪我老婆逛街要命。」

張學良曾經透露過顧維鈞的風流勾當。顧維鈞也在外面找女朋友，還要張學良給介紹。三〇年代時，顧維鈞出任駐法大使，跟一位楊太太打得火熱，是個公開的秘

密，當事人都不在乎。有一次，顧維鈞的老婆黃蕙蘭找上門來，在麻將桌旁邊大罵楊太太，罵得很是難聽，還拿了茶水澆到顧維鈞頭上。這個楊太太的一個女兒，是和顧維鈞的孩子。

Q 「近代草聖」于右任

于右任喜歡吃麵。有一次，朋友請來一個名廚給他做麵。最開始端上來的麵跟絲一樣，他說：「好，好，有沒有粗點的？」後來粗一點，他沒吃，又問：「有沒有再粗一點的？」過了一會又說：「比這個再寬些就好。」最後給他端上來筷子一樣的麵條，于右任很高興，連吃兩碗。廚師感慨地說：「于先生文人不文啊，這種麵條誰都能做！」

于右任是個大鬍子，是因爲辦報才認識孫中山，並加入國民黨的。孫中山是個辦報狂人，一生辦了十多種報刊，他一直以來主張：「革命大業其實宣傳占到九成，武力只需一成。」孫中山任命于右任做了「長江大都督」，上海一帶都歸他管，但那時革命還沒勝利，暫時還是個空頭支票。

于右任辦的前三份報紙都破產了，但老于的毅力就像他的大鬍子一樣堅韌，屢敗屢戰，辦報的「韌性」蓋過了革命的激情，所以「元老記者」的桂冠戴在他頭上，最合適不過了。老于的第四份報紙《民立報》開張了，當時的口號喊得相當犀利：「打倒政府」、「打倒溥儀」、「建設中國」、「改革社會」，完全沒把清政府放在眼裏。

于右任《民立報》為革命作出了功勳，孫中山到上海，專門去《民立報》慰問革命同志，順便來看望一下老朋友。後來孫中山做了大總統，任命于右任做了個交通部次長，于右任很感動，雖然只當了四十天，但從此以後，老于決定不辦報了追隨革命，把老命拼了，追隨孫中山的革命大業。

于右任辦《民籲報》，抨擊時政，被誣陷坐了牢。邱於寄經常前去探監，他聽說于右任喜歡吃燒餅，想買也沒有一分錢，就去偷燒餅，結果被攤販發現，一頓毒打。攤販知道原因後，說：「您要早說是送給于右任先生，我必定分文不收！」還送了一堆燒餅讓邱於寄帶到牢裏。後來于右任知道了這件事，十分感動，成了一輩子的好友。

于右任三十多歲時就黑鬍飄胸，有人叫他「于鬍子」。他每天睡覺時，都用一個

布套把鬍子裝好掛於胸前。有一天，一個朋友問他：「你睡覺時鬍子是放被子裏，還是被子外？」他想不出來，回去後想去了。結果一夜沒睡好，他說：「經朋友這麼一提，還真不知道鬍子到底是應該放被子裏還是放被子外，總覺得放哪都不對勁。」

一九四八年，國民黨爲了緩和局勢，要舉行所謂的「全民大選」。于右任拖著一大把鬍子，也投入到了激烈的競選活動中。他爲了跟國大代表拉關係，連夜寫了一千張「爲萬世開太平」的條幅，記者問他參選有什麼優勢，于右任說：「我有條子。」記者很吃驚：「金條？」于右任拿出紙條，哈哈大笑。

「近代草聖」于右任書法很好，許多人都向他討要墨寶。一天，于右任去參加一個聚會，主人請他寫字，當時于右任喝得東南西北都不知道了，迷迷糊糊地就寫了「不可隨處小便」。第二天主人實在尷尬，拿著墨寶去找他，他醒過來趕緊道歉，用剪刀剪成了「小處不可隨便」，主人笑著走了。

Q 黨國元老林森

抗戰時期，林森在重慶建文峰造了一棟樓房。這個樓房可以防止日軍飛機轟炸，造得很宏偉，林森很得意。不久，孔祥熙也在山上搞了一棟別墅，因爲孔家實在是有錢，造出來的效果更是豪華的不得了。孔公館氣勢逼人，林森心裏很不爽。孔祥熙特意在河上架了一座「景林橋」，就是「景仰林森」的意思，林森心理才平衡了下來。

一九三三年一月一日，林森擔任國民政府主席後，蔣介石每月送他「廉敬」法幣兩萬元。林森妻子早逝，又沒有兒女，抽菸喝酒搓麻將都不會，所以這錢就花不完。他喜歡收藏字畫古董，於是收藏了好些古董。有朋友問他：「你買的那些古玩，有不少是假的吧？」林森微笑著說：「反正再過幾百年，就會變成真的古董了。」

林森早年妻子就去世了，但是夫妻感情很深。林森每天晚上睡覺，都會把一個用精緻手帕包的小包放在枕頭邊陪他入睡。第二天早上起來，他再放到枕頭下面。很多人都納悶。後來林森去世了，有人清理他遺物時才發現，裏面原來是他妻子生前喜歡穿的一雙繡花鞋。林森入葬的時候，這雙繡花鞋被放到棺材裏，陪他長眠九泉。

林森在衣著飲食方面都很樸素。一年四季，他都是穿著一身布衣，冷了就穿厚點。他不吸菸不喝酒，吃得也很簡單。抗戰時期，他一切從簡，他的廚師訴苦說：「每天只讓買兩毛錢的肉，最開始吧，還能買一斤多，勉勉強強。後來物價飛漲，那點錢就只能買兩個指頭那麼點肉，你想，這叫人怎樣做菜呢？」

林森一生簡樸，雖然身居高位，卻吃喝住行都不怎麼講究。他習慣獨來獨往，除司機外，平時不喜歡帶隨從。有一次，林森開會路經一個路口，沒有帶隨從也沒有掛通行證。警衛人員一看，就把這輛小破車給攔了下來，這時林公把手杖伸出車外，輕輕向警衛人員身上一點。警衛這才警覺到車裏坐的是誰，馬上敬禮放行。

林森死後，沒有後代，沒人披麻戴孝，不成樣子，於是就叫與林森血緣關係較近的一個堂侄女充當孝子。後來，忽然有一個浙江省的一個小縣長林希岳，自稱是林森主席的侄兒，要奔喪。國民黨政府特地派專機把他接了過來，可惜到地後被拆穿了，林希岳原想乘這個機會搞個一官半職的，可惜白當了三個月的孝子，坐木炭汽車顛回浙江去了。

＊微歷史大事記＊

一九一三年六月十八日，保定軍校校長蔣百里自殺謝國，奇蹟生還。

一九二一年五月五日，胡漢民任孫中山非常大總統總統幕僚長。

一九二三年二月七日，京漢鐵路大罷工，工會主席林祥謙英勇就義。

一九三二年一月一日，林森出任國民政府主席兼主中央監察委員會，主張團結抗日。

一九四九年四月二十日，國民黨軍政機關撤往廣州，于右任被護送至上海。後至臺灣。

民國其實很折騰

作者：丁振宇
出版者：風雲時代出版股份有限公司
出版所：風雲時代出版股份有限公司
地址：105台北市民生東路五段178號7樓之3
風雲書網：http://www.eastbooks.com.tw
官方部落格：http://eastbooks.pixnet.net/blog
Facebook：http://www.facebook.com/h7560949
信箱：h7560949@ms15.hinet.net
郵撥帳號：12043291
服務專線：(02)27560949
傳真專線：(02)27653799
執行主編：朱墨菲
美術編輯：許芷姍
法律顧問：永然法律事務所 李永然律師
北辰著作權事務所 蕭雄淋律師
版權授權：南京快樂文化傳播有限公司

初版日期：2013年8月
ISBN ：978-986-146-988-1

總 經 銷：富育國際股份有限公司
地　　址：新北市新店區中正路四維巷二弄2號4樓
電　　話：(02)2219-2068

行政院新聞局局版台業字第3595號 營利事業統一編號22759935

國家圖書館出版品預行編目資料

民國其實很折騰 ／ 丁振宇著.-- 初版.
臺北市：風雲時代，2013.07 -- 面；公分

ISBN 978-986-146-988-1 （平裝）

1. 民國史　2. 通俗史話

628　　102010198

原價：280元
限量特惠價：199元